Anne Wilson

SÜSSE UND PIKANTE

Quiches

h.f.ullmann

Grundlegendes über den Teig

Die Grundvoraussetzung für vollkommene Quiches oder perfekte Kuchen ist der Teig: Er sollte leicht, knusprig und köstlich sein. Einen guten Teig machen ist keine Zauberei. Sobald man einmal die Technik beherrscht, erhält man jedesmal ein hervorragendes Ergebnis.

Für Quiches oder Kuchen wird Mürbe- oder Blätterteig verwendet. Fertiger Teig spart Zeit und Mühe und ergibt ausgezeichnete Resultate. Man verwendet für den Teig im allgemeinen einfaches Mehl. Der Teig wird jedoch lockerer, wenn man dem Mehl etwas Backpulver beimischt. Jedes beliebige Backfett kann verwendet werden, Butter aber hat das beste Aroma. Dank Eiern wird der Teig krümelig und reich; mit Milch bekommt man einen weicheren Teig, der gut bräunt. Verschiedene Formen aus Metall, Emaille, Pyrex oder glasierten Töpferwaren oder Porzellanschüsseln lassen sich verwenden. Metall ist ein guter Wärmeleiter und verleiht dem Teig ein knuspriges, goldgelbes Aussehen. Die Ränder einer Pastetenform sind schräg, die einer Torten- oder Kuchenform dagegen gerade und entweder gewellt oder glatt; der Boden kann abgenommen werden.

Teig herstellen
Um einen besonders lockeren, weichen und gleichzeitig knusprigen Teig zu bekommen, behutsam mit der Hand oder in der Küchenmaschine mischen. Grobe Handhabung bedeutet zäher Teig. Man soll schnell arbeiten, den Teig aber nicht zu stark durchkneten, sonst wird er zäh, läßt sich schwer ausrollen und schrumpft beim Backen.

Mürbeteig mit der Hand herstellen
Butter in kleine erbsengroße Stücke schneiden und über das Mehl streuen. Die Butter mit den Fingerspitzen schnell unter das Mehl mengen und die Mischung solange durchrühren, bis sie feinen Semmelbröseln ähnelt. Mehl immer teelöffelweise mit Wasser oder einer anderen Flüssigkeit beträufeln, dann behutsam mit einem Messer oder den Händen vermischen. Nach Bedarf zusätzliche Flüssigkeit dazugeben, bis die Mischung sich verbindet. Zu einer Kugel formen.

Mürbeteig in der Küchenmaschine herstellen
Genau wie beim Mischen mit der Hand darauf achten, daß der Teig nicht zu stark durchgerührt wird. Mehl und Butter in die Küchenmaschine geben. 30 Sek. vermischen, bis die Mischung eine feine, krümelige Konsistenz annimmt. Mögliche weitere Zutaten und fast die gesamte Flüssigkeit dazugeben, weitere 20 Sek. verarbeiten, bis die Mischung sich gerade verbindet. Etwas Teig zwischen den Fingern drükken. Hält er zusammen, Mischung auf ein Brett geben und behutsam zu einem glatten Teig kneten; ist die Mischung noch nicht fertig, mehr Flüssigkeit dazugeben und einige Sek. länger verarbeiten, dann noch einmal prüfen.

Teig im Kühlschrank aufbewahren
Teig zu einer Kugel formen, in Frischhaltefolie einschlagen und bevor er ausgerollt wird in den Kühlschrank geben. Dadurch läßt sich der Teig leichter ausrollen — das Kühlen verhindert, daß die Butter durch die Wärme der Hände weich und damit der

Umgang mit dem Teig erschwert wird. Durch das Kühlen wird auch vermieden, daß der Teig beim Backen schrumpft.

Teig ausrollen
Ein Nudelholz aus Keramik oder glattem Holz verwenden. Den Teig auf einer bemehlten Holz- oder Marmorplatte ausrollen. Marmor eignet sich wegen seiner kühlen Fläche besonders gut dafür. Nur mit sehr wenig Mehl bestäuben, sonst wird der Teig zäh. Man kann den

Teig auch zwischen zwei Lagen Frischhaltefolie oder Backpapier auf einer kühlen, flachen Arbeitsfläche ausrollen. Teig mit kurzen, schnellen Schüben vom Körper wegrollen. Jedesmal Nudelholz abheben. Man kann den Teig nach jedem Rollen etwas drehen. Teig nicht ziehen. Gleichmäßig dick oder dünn und ungefähr 4 cm größer als die Form, in die er passen soll, ausrollen.

Form mit Teig auslegen
Wenn der Teig ausgerollt ist, wird er aufgehoben, indem man ihn locker um das Nudelholz rollt. Über die Kuchenform heben und dort behutsam abrollen oder abwickeln, dabei beachten, daß

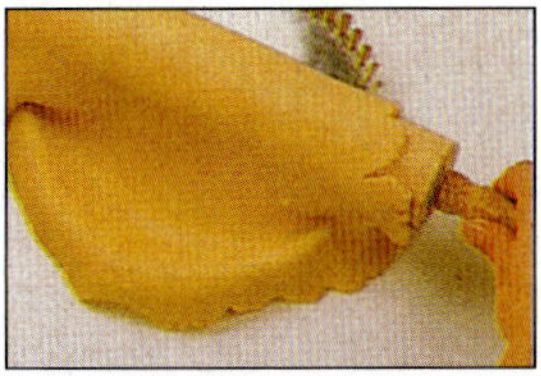

er nicht gezogen wird. Ihn dann, ohne ihn weder zu ziehen noch zu zerren, vorsichtig in die Form geben. Den Teig mit einem Finger gegen die Formränder drücken. Wird eine Teigrolle aus Metall verwendet, Rolle über die Form führen, um überschüssigen Teig abzuschneiden. Bei Keramikformen den Teig mit einem scharfen Messer abschneiden.

Dekorative Ränder
Der Teig muß bis an den Rand der Form reichen. Möchte man einen dekorativen Rand, Teig über den Rand hinausschieben und den Rand mit den Fingern gerade oder wellig drücken, mit einer Gabel markieren oder gleichmäßig einschneiden und jede eingeschnittene Partie zurückbiegen. Man kann auch zusätzlichen Teig ausrollen, in drei Streifen schneiden und einen Zopf flechten. Zopf am Rand der Form anbringen und mit etwas Wasser oder Ei festkleben.

Backen
Der Teig für Quiches und Kuchen kann mit oder ohne Füllung gebacken werden. Wird der Teig leer gebacken, in die mit Teig ausgelegte Form ein Stück Fett- oder Backpapier geben und es mit rohem Reis oder Bohnen auffüllen. Sie verhindern so, daß der Teig steigt. Nach dem Backen Papier wegwerfen. Wird der Teig vorgebakken, so bekommt man eine feste, knusprige Grundfläche, in die eine feuchte Füllung gegeben werden kann. Teig muß unbedingt bei der

richtigen Temperatur gebacken werden; ist der Ofen kühler oder heißer als ein normaler, muß die Zeit zum Backen etwas abgeändert werden, so daß der Teig knusprig und gebräunt und die Füllung fest herauskommt.

Im voraus zubereiten
Um Zeit zu sparen, kann man mit fertigem Teig ausgelegte Formen im Kühl- oder Gefrierschrank aufbewahren. Form mit Teig auslegen, in Klarsichtfolie einschlagen, etikettieren und bis zu zwölf Wochen einfrieren. Bevor Form gefüllt und gebacken wird, wieder auf Zimmertemperatur erwärmen. Oder die Form mit Teig auslegen, in eine Frischhaltefolie schlagen und bis zu 24 Std. kaltstellen.

Schnell und leicht

Diese appetitlichen, leckeren Kuchen, Quiches und Obstkuchen brauchen weitgehend fertige Zutaten vom Supermarkt. Bei einigen Rezepten können Teig und Füllung in der Küchenmaschine zusammen verrührt werden, was Zeit und Energie spart. Sie können kalt oder warm serviert werden, mit einem knackigen grünen Salat und Brot oder als eigenständige, gesunde und köstliche Mahlzeit.

Auberginen-Pestotörtchen

Zubereitungszeit: 15 Min.
Gesamte Backzeit: 30 Min.
Ergibt zwei 19 cm große Törtchen

2 Blatt fertig ausgerollter Mürbeteig
2 mittelgroße, lange, schlanke Auberginen, in feinen Scheiben
1 Ei, leicht geschlagen

Pesto
1 Becher Basilikumblätter
35 g Pinienkerne
25 g geriebener Parmesankäse
1 zerdrückte Knoblauchzehe
2 EL Olivenöl
1 EL Olivenöl, zusätzlich

1 Ofen auf mittlere 180°C vorheizen. Zwei große Ofenbleche leicht mit Öl bestreichen. Mit Hilfe eines Tellers zwei 24 cm große Kreise aus dem Teig schneiden und auf die Bleche legen.
2 Für Pesto Basilikum, Pinienkerne, geriebenen Parmesan und Knoblauch in die Schüssel der Küchenmaschine geben. In 30 Sek. fast glatt zerkleinern. Weiterrühren und langsam Öl dazugießen, bis alles gut vermischt ist.
3 Pesto auf den Teig verteilen, einen 3 cm breiten Rand aussparen. Aubergine über Pesto anordnen, mit zusätzlichem Öl bestreichen. Außenrand des Teigs nach innen falten und flach andrücken. Teigrand mit geschlagenem Ei bestreichen. In 30 Min. goldgelb backen. Warm mit einem Tomatensalat servieren.

Oben: Artischockentörtchen mit sonnengetrockneten Tomaten (Seite 6) und Auberginen-Pestotörtchen

Artischockentörtchen mit sonnengetrockneten Tomaten

Zubereitungszeit: 15 Min.
Gesamte Backzeit: 40 Min.
Ergibt vier 10 cm große Törtchen

1 Blatt fertig ausgerollter Mürbeteig
4 Artischockenherzen
½ Becher sonnengetrocknete feingehackte Tomaten
2 feingehackte Frühlingszwiebeln
25 g geriebener Greyerzer- oder Emmentalerkäse
2 Eier
80 g Sahne
1 zerdrückte Knoblauchzehe
¼ TL getrockneter Rosmarin
¼ TL getrocknetes Basilikum

1 Ofen auf mittlere 180 °C vorheizen. Teigblatt vierteln und vier 10 cm große Törtchenböden damit auslegen; die Teigecken über den Rand hängen lassen. Mit Teig ausgelegte Form mit einem Blatt Fettpapier bedecken und getrocknete Bohnen oder Reis gleichmäßig darüber verteilen. 10 Min. backen, aus dem Ofen nehmen, Papier mit Bohnen oder Reis entfernen. Teig in weiteren 10 Min. goldgelb backen.

2 Artischockenherzen vierteln. Teigböden gleichmäßig mit Artischocken, Tomaten, Frühlingszwiebeln und Käse belegen.

3 Eier, Sahne, Knoblauch und Kräuter in einen Behälter geben, alles gut vermengen. Über Törtchenformen gießen, Füllung in 20 Min. fest und goldgelb backen. Warm oder lauwarm servieren.

Räucherlachsquiche

Zubereitungszeit: 15 Min. + 20 Min. im Kühlschrank
Gesamte Backzeit: 45 Min.
Ergibt 6 Portionen

155 g Mehl
60 g Butter, in Würfel geschnitten
1 TL gehackter frischer Thymian
1 Eigelb
1-2 EL Eiswasser

Füllung
100 g Räucherlachs
125 g Doppelrahmfrischkäse
2 Eier, leicht geschlagen
2 EL Mayonnaise
2 EL gehackter frischer Schnittlauch
1 EL gehackter frischer Thymian
½ TL geriebene Zitronenschale
40 g Räucherlachs, zusätzlich zum Garnieren

1 Ofen auf mäßig hohe 210°C (Gas 190°C) vorwärmen. Mehl, Butter und Thymian in die Küchenmaschine geben und 30 Sek. vermengen, bis die Mischung fein und krümelig ist. Eigelb und fast gesamtes Wasser dazugeben. 20 Sek. vermischen, bis sich die Mischung verbindet. Nach Bedarf mehr Wasser dazugeben. Mischung auf eine leicht mit Mehl bestäubte Fläche geben und behutsam glattkneten. In Frischhaltefolie schlagen und 20 Min. kalt stellen.

2 Eine flache, 20 cm runde Kuchenform einfetten. Teig zwischen zwei Lagen Frischhaltefolie so ausrollen, daß Formboden und Ränder bedeckt sind. Teig in die Form geben und Rand beschneiden.

3 Blatt Fettpapier nach der Formgröße ausschneiden und über den Teig auslegen. Schicht getrocknete Bohnen oder Reis gleichmäßig darüber verteilen. 10 Min. backen, aus dem Ofen nehmen, Papier mit Bohnen oder Reis entfernen. Teig in weiteren 10 Min. hell goldgelb backen.

4 Für die Füllung Ofenhitze auf mittlere 180°C verringern. Räucherlachs, Frischkäse, Eier, Mayonnaise, gehackte Kräuter und Zitronenschale in die Küchenmaschine geben. Glatt zerkleinern. Mischung in

Räucherlachsquiche

fertige Teighülle schütten. In 25 Min. fest und leicht gebräunt backen. Quiche mit zusätzlichem Räucherlachs belegen. Nach Wunsch auch mit frischen Kräuterblättern garnieren.

Hinweis: Wird ein milderes Aroma bevorzugt, Räucherlachs in diesem Rezept auf 50 g verringern. Anstelle Lachs kann man auch geräucherte Forelle verwenden.

Gemüseschnitten

Zubereitungszeit:
20 Min.
Gesamte Backzeit:
30 Min.
Ergibt 6 Portionen

1 EL Öl
1 große, fein gehackte Zwiebel
3 fein gehackte Speckstreifen
3 mittelgroße, geriebene Zucchini
1 mittelgroße, geriebene Möhre
150 g geriebener Kürbis
100 g geriebener Greyerzer- oder Emmentalerkäse
80 g Mehl
½ TL Backpulver
5 Eier, leicht geschlagen

1 Ofen auf mittlere 180°C vorheizen. Eine tiefe, 20 cm große quadratische Kuchenform mit zerlassener Butter oder Öl bestreichen, Boden mit Backpapier auslegen. Öl in einer schweren Bratpfanne erhitzen, Zwiebel und Speck dünsten, bis die Zwiebel weich, der Speck gebräunt ist. Auf Küchenpapier abtropfen lassen.
2 Geriebene Zucchini, Möhre, Kürbis, Käse und Mehl mit Backpulver in einer großen Schüssel vermischen. Zwiebel und Speck dazugeben. Eier unterrühren, alles gut vermengen. In die bereit-

stehende Form gießen. Mischung in 30 Min. fest und goldgelb backen. Warm oder lauwarm mit Salat und Brot servieren.

Ricotta-Schinkenquiche

Zubereitungszeit:
15 Min. + 20 Min. im Kühlschrank
Gesamte Backzeit:
55 Min.
Ergibt 4 bis 6 Portionen

200 g Mehl
90 g Butter, in Würfel geschnitten
1 Eigelb
1-2 EL Eiswasser

Füllung
250 g Ricottakäse
130 g abgetropften Dosenmais
½ Becher gehackter Schinken
3 Eier, leicht geschlagen
125 g Sahne
3 gehackte Frühlingszwiebeln
2 EL Mehl

1 Ofen auf mäßig hohe 210°C (Gas 190°C) vorheizen. Mehl und Butter in die Küchenmaschine geben. In 30 Sek. zu einer feinen, krümeligen Mischung vermengen. Eigelb und fast gesamtes Wasser dazugeben und 20 Sek. vermischen, bis die Mischung sich verbindet. Nach Bedarf mehr Wasser dazugeben. Mischung auf eine mit Mehl bestäubte Fläche geben und behutsam glattkneten. In Frischhaltefolie schlagen und 20 Min. kaltstellen.
2 Tiefe, 20 cm runde Kuchenform befetten. Teig zwischen zwei Lagen Frischhaltefolie so ausrollen, daß Boden und Ränder der Form bedeckt sind. Teig in die Form geben, Ränder beschneiden.
3 Das Fettpapier so schneiden, daß die Form bedeckt ist. Schicht getrockneter Bohnen oder Reis gleichmäßig daüber verteilen. 10 Min. backen, aus dem Ofen nehmen, Papier mit Bohnen oder Reis entfernen. In den Ofen zurückgeben und in weiteren 10 Min. leicht goldgelb backen.
4 Für die Füllung alle Zutaten in den Mixer geben und 1 Min. gut vermengen. Mischung in bereitstehende Teighülle schütten und in 35 Min. fest backen.

Hinweis: Der Teig kann bis zu einem Tag im voraus zubereitet werden. Bis er gebraucht wird, zugedeckt kaltstellen.

Ricotta-Schinkenquiche (oben) und Gemüseschnitten

Thunfischkuchen

Zubereitungszeit:
15 Min.
Gesamte Backzeit:
35 Min.
Ergibt 6 Portionen

6 Blatt fertiger Blätterteig
60 g zerlassene Butter

Füllung
425 g abgetropfter Thunfisch aus der Dose
½ Becher Mayonnaise
4 fein gehackte Frühlingszwiebeln
4 Eier, leicht geschlagen
250 g Sahne
50 g geriebener Greyerzer- oder Emmentalerkäse
1 EL gehackter, frischer Dill

1 Ofen auf mittlere 180°C vorheizen. Ein Blatt Blätterteig ausbreiten und mit zerlassener Butter bestreichen. Ein weiteres Blatt Blätterteig über das erste legen und mit Butter bestreichen. Vorgang wiederholen, bis alle Blätter verbraucht sind.
2 Eine große Kuchenform (21 x 29 cm) mit zerlassener Butter oder Öl bestreichen. Vorbereitete Teigblätter in die Form geben, Ränder einschlagen.
3 Für die Füllung Zutaten in einer großen Schüssel gut vermischen. Füllung in vorbereitete Form gießen und in 35 Min. leicht gebräunt und fest backen.

Curry-Gemüsekuchen

Zubereitungszeit:
20 Min. + 20 Min. *im Kühlschrank*
Gesamte Kochzeit:
55 Min.
Ergibt 6 Portionen

200 g Mehl
90 g Butter, in Würfel geschnitten
1 Ei
1 EL Eiswasser

Füllung
1 EL Öl
3 Becher tiefgefrorenes Mischgemüse
3 TL Currypulver
5 Eier, leicht geschlagen
375 g Sahne
40 g Mehl
125 g saure Sahne
3 gehackte Frühlingszwiebeln

1 Ofen auf mäßig hohe 210°C (Gas 190°C) vorheizen. Mehl und Butter in die Küchenmaschine geben, 30 Sek. vermengen, bis die Mischung fein und krümelig ist. Ei und fast gesamtes Wasser dazugeben und 20 Sek. verrühren, bis die Mischung sich verbindet. Nach Bedarf mehr Wasser dazugeben. Mischung auf eine mit Mehl bestäubte Fläche geben und behutsam glattkneten. In Frischhaltefolie einschlagen und 20 Min. kaltstellen.
2 Eine flache, 23 cm quadratische Kuchenform mit zerlassener Butter oder Öl bestreichen. Teig zwischen zwei Lagen Frischhaltefolie so ausrollen, daß er Boden und Ränder der Form bedeckt. Teig in die Form geben und beschneiden.
3 Ein Blatt Fettpapier so ausschneiden, daß die Form bedeckt ist. Form mit Papier auslegen, Schicht getrockneter Bohnen oder Reis gleichmäßig darüber verteilen. 10 Min. backen, aus dem Ofen nehmen, Papier mit Bohnen oder Reis entfernen. In den Ofen zurückgeben und in 7 Min. hellgelb backen.
4 Für die Füllung Ofenhitze auf mittlere 180°C verringern. Öl in einer schweren Bratpfanne erhitzen, Mischgemüse dazugeben und bei mittlerer Hitze dünsten, bis es leicht gebräunt und gar ist. Currypulver hineingeben, 1 Min. rühren, bis es im Gemüse verteilt ist. Gemüse mit restlichen Zutaten in einer Schüssel gut vermischen. In die Teighülle schütten und in 35 Min. leicht gebräunt und fest backen.

Hinweis: Je nach Geschmack scharfes oder milderes Currypulver verwenden.

Curry-Gemüsekuchen (oben) und Thunfischkuchen

Ratatouilleviertel

Zubereitungszeit:
15 Min.
Gesamte Backzeit:
40 Min.
Ergibt 4 Portionen

2 Blatt fertig ausgerollter Blätterteig
1 Ei, leicht geschlagen
1 EL Olivenöl
1 mittelgroße Zwiebel, in feinen Scheiben
2 zerdrückte Knoblauchzehen
2 mittelgroße, lange, schlanke Auberginen, in 1 cm dicken Scheiben
2 mittelgroße Zucchini, in 1 cm dicken Scheiben
1 mittelgroße, rote Paprikaschote, in 2 cm großen Vierteln
1 mittelgroße, grüne Paprikaschote, in 2 cm großen Vierteln
2 mittelgroße, grob gehackte Tomaten

1 Ofen auf mittlere 180°C vorheizen. Ein Blatt Teig mit Ei bestreichen, das zweite Blatt darauf legen. Teig vierteln. Auf ein großes Backblech geben, 20 Min. backen, bis er aufgegangen und goldgelb ist. Zum Abkühlen beiseite stellen.
2 Öl in einer großen, schweren Pfanne erhitzen, Zwiebel und Knoblauch 5 Min. dünsten. Aubergine, Zucchini und Paprikaschoten hineingeben. Unter gelegentlichem Rühren 10 Min. bedeckt dünsten.
3 Tomaten dazugeben, unbedeckt 10 Min. kochen lassen. Gelegentlich rühren, bis die Flüssigkeit größtenteils verdampft ist. In jedes Teigviertel ein 8 cm großes, rundes Loch schneiden und weiche Mitte herausnehmen. Jede Höhlung mit Ratatouille auffüllen, sofort servieren.

Ratatouilleviertel

1. Für Ratatouilleviertel Aubergine, Zucchini und Paprikaschoten in Scheiben schneiden.

2. Ein Blatt Teig mit Ei bestreichen, zweites Blatt Teig darüberlegen.

3. Tomaten in die Gemüsemischung geben und 10 Min. kochen lassen.

4. Aus jedem Teigviertel weiche Mitte herausnehmen und mit Ratatouille füllen.

Frittata mit Frühlingszwiebeln und Pilzen

Zubereitungszeit:
15 Min.
Gesamte Backzeit:
30 Min.
Ergibt 4 bis 6 Portionen

1 EL Öl
150 g Pilze, in Scheiben
3 feingehackte Frühlingszwiebeln
2 EL gehackte Petersilie
80 g Mehl
50 g geriebener Greyerzer- oder Emmentalerkäse
2 Eier
125 g Sahne
⅛ l Milch

1 Ofen auf mittlere 180°C vorheizen. Eine 23 cm große Keramikquicheform mit zerlassener Butter oder Öl bestreichen. Öl in einer Bratpfanne erhitzen. Pilze bei mittlerer Hitze weichdünsten; abkühlen lassen.
2 Frühlingszwiebeln, Petersilie, Mehl und Käse in einer großen Schüssel vermischen. Pilze abgießen und in die Schüssel geben.
3 Eier, Sahne und Milch in ein Glas geben und gut vermengen. Auf Pilzmischung gießen, verrühren und in bereitstehende Form gießen. In 25 Min. fest backen. Warm oder lauwarm servieren.

Spargelquiche mit Paprikaschoten

Zubereitungszeit:
10 Min.
Gesamte Backzeit:
35 Min.
Ergibt 6 Portionen

340 g abgetropfter Spargel aus der Dose, in Stücke geschnitten
6 Scheiben Weißbrot
340 ml Milch
4 Eier
75 g geriebener Greyerzer- oder Emmentalerkäse
125 g saure Sahne
4 gehackte Frühlingszwiebeln
½ mittelgroße, gehackte, rote Paprikaschote
¼ TL Knoblauchsalz
¼ TL gehackte, schwarze Pfefferkörner

1 Ofen auf mittlere 180 °C vorheizen. Eine 23 cm große Pastetenform mit Öl oder zerlassener Butter bestreichen. Spargel auf Küchenpapier legen und gut abtropfen lassen.
2 Krusten vom Brot schneiden, Brot würfeln. Mit der Milch in einer Schüssel gut vermischen. Übrige Zutaten dazugeben und alles gut vermengen. In die bereitstehende Form gießen, Quiche in 35 Min. fest backen.

Räucherheringstörtchen

Zubereitungszeit:
10 Min.
Gesamte Backzeit:
25 Min.
Ergibt 4 Törtchen

4 x 10 cm große Blätterteigpasteten
200 g Räucherhering in Salzlake aus der Dose
3 Eier
60 g Sahne
½ TL französischer Senf
25 g geriebener Greyerzer- oder Emmentalerkäse
1 EL fein gehackte frische Petersilie
Zitronensaft

1 Ofen auf mittlere 180°C vorheizen. Blätterteigpasteten auf ein Backblech geben. Heringe gut abtropfen lassen und mit einer Gabel zerkleinern.
2 Eier, Sahne und Senf in einer mittelgroßen Schüssel gut vermischen. Käse, Petersilie und zerkleinerten Hering dazugeben, alles gut vermischen. Mit Zitronensaft abschmecken.
3 Mischung löffelweise in die Pasteten geben; in 25 Min. fest und goldgelb backen. Warm mit Gartensalat servieren.

Im Uhrzeigersinn von oben: Spargelquiche mit Paprikaschoten, Räucherheringstörtchen und Frittata mit Frühlingszwiebeln und Pilzen.

Kräuter-törtchen

Zubereitungszeit:
15 Min.
Gesamte Backzeit:
35 Min.
Ergibt 18 Törtchen

18 Scheiben Weißbrot, ohne Kruste
40 g weiche Butter

Füllung
2 Eier
2 EL Milch
125 g Sahne
2 TL gehackter frischer Schnittlauch
1 TL gehackter frischer Dill
1 TL gehackter frischer Thymian
1 EL gehackte frische Petersilie
2 EL geriebener Parmesankäse

1 Ofen auf mäßig hohe 210°C (Gas 190°C) vorheizen. Zwei große Pasten- oder Muffinformen mit zerlassener Butter oder Öl bestreichen. Mit einer runden Keksform 7,5 cm große Kreise aus dem Brot ausschneiden. Jeden Kreis mit einem Nudelholz flachwalzen. Beide Kreisseiten mit Butter bestreichen und behutsam in Muffinformen drücken. In 10 Min. leicht gebräunt und knusprig backen. Nicht zu lange backen.

2 Für die Füllung Ofenhitze auf mittlere 180°C verringern. Eier, Milch, Sahne und Kräuter in einer Schüssel gut verrühren. Eimischung auf Brotkreise gießen und mit Parmesan bestreuen. In 25 Min. leicht braun und fest backen. Sofort servieren.

Französische Pizza

Zubereitungszeit:
15 Min.
Gesamte Backzeit:
35 Min.
Ergibt 6 bis 8 Portionen.

1 Blatt fertig ausgerollter Blätterteig
2 TL Olivenöl
2 mittelgroße Zwiebeln, in feinen Scheiben
¼ TL getrockneter Thymian
½ TL getrockneter Oregano
2 mittelgroße Tomaten, in Scheiben
25 g geriebener Greyerzer- oder Emmentalerkäse
45 g Sardellenfilets aus der Dose
½ Becher schwarze Oliven, entkernt und halbiert
1 Ei, leicht geschlagen

1 Ofen auf mittlere 180°C vorheizen. Backblech mit zerlassener Butter oder Öl bestreichen. Teig auf vorbereitetes Blech geben.

2 Öl in einer Bratpfanne erhitzen. Zwiebeln und Kräuter bei mittlerer Hit-

Französische Pizza (oben) und Kräutertörtchen

ze 10 Min. weich dünsten. Über den Teig verteilen, 2 cm breiten Rand aussparen. Tomatenscheiben über Zwiebeln anordnen, mit Käse bestreuen.
3 Sardellen abgießen, jedes Filet der Länge nach in 2 Hälften schneiden. Gitterförmig über der Füllung anordnen. Je eine Olivenhälfte in die Mitte jeder Rhombe geben. Teigrand mit geschlagenem Ei bestreichen. In 25 Min. goldbraun backen. Warm servieren.

TIP
Um Kräuter frisch zu halten, Strauß abspülen, gründlich trocknen, in einen Kunststoffbeutel geben und im Gemüsefach des Kühlschranks aufbewahren.

Schinken-Camembertquiche

Zubereitungszeit:
15 Min.
Gesamte Backzeit:
40 Min.
Ergibt 4 bis 6 Portionen

6 Scheiben Schinken
4 Blatt fertiger Blätterteig
1 EL Öl oder zerlassene Butter
60 g geschnittener Camembertkäse
2 Eier
125 g Sahne

1 Ofen auf mittlere 180°C vorheizen. Schinken unter heißen Grill legen und in ca. 5 Min. knusprig grillen. Ein Teigblatt mit Öl bestreichen, in eine 20 cm runde Springform geben; die langen Ränder sollen über die Seiten hinausragen. Mit dem nächsten Blatt genauso verfahren, es jedoch im rechten Winkel zum ersten in die Form geben; das dritte Blatt im rechten Winkel zum zweiten geben. Letztes Blatt in der Hälfte falten und so auf den Formboden geben, daß es auf den Boden paßt und eine dickere Unterfläche bildet.
2 Gegrillten Schinken zerkleinern und auf dem Boden der Form verteilen. Camembert dazugeben. Eier und Sahne zusammen verrühren und in die Form gießen. Blätterteigecken über die Füllung falten.
3 Masse in 35 Min. fest und goldgelb backen. Warm mit grünem Salat und Brot servieren.

Paprikapizza

Zubereitungszeit:
20 Min.
Gesamte Backzeit:
35 Min.
Ergibt eine 30 cm große Pizza

2 EL Maismehl oder Grieß
300 g Mehl
1 TL Backpulver
35 g geriebener Parmesankäse
30 g weiche Butter
⅛ l Milch

Füllung
1 mittelgroße, rote Paprikaschote
1 mittelgroße, grüne Paprikaschote
1 mittelgroße, gelbe Paprikaschote
1 EL Olivenöl
1 mittelgroße Zwiebel, in Scheiben
125 g Ricottakäse
1 EL gehacktes frisches Basilikum
1 EL gehackter frischer Schnittlauch
1 EL gehackte frische Petersilie

1 Ofen auf mittlere 180°C vorheizen. Ein 30 cm großes Blech mit zerlassener Butter oder Öl bestreichen und mit Maismehl oder Grieß bestreuen. Mehl mit Backpulver in eine große Schüssel sieben, Käse und Butter dazugeben. Mit den Händen unter das Mehl reiben, bis eine feine, krümelige Mischung entsteht. Mit der meisten Milch zu einem weichen Teig vermischen. Nach Bedarf mehr Milch dazugeben. Auf einer mit Mehl bestäubten Fläche ausrollen und das Pizzablech damit auslegen.
2 Paprikaschoten aushöhlen, in 1 cm breite Streifen schneiden. Öl in einer Bratpfanne erhitzen, Zwiebel und Paprikaschoten bei niedriger Hitze 10 Min. weich dünsten. Abkühlen lassen.
3 Ricotta und Kräuter in einer Schüssel vermischen und Teig damit bestreichen, einen 2 cm breiten Rand aussparen. Paprikaschoten darüber geben; Pizza in 25 Min. goldgelb backen. Warm servieren.

TIP
Am besten schmeckt Parmaschinken, der in fast jeder Metzgerei erhältlich ist. Schinken kann in vielen Rezepten durch Speck ersetzt werden.

Schinken-Camembertquiche (oben) und Paprikapizza

Dreikäsekuchen

Zubereitungszeit:
15 Min.
Gesamte Backzeit:
35 Min.
Ergibt 6 Portionen

6 Blatt fertiger Blätterteig
60 g zerlassene Butter

Füllung
25 g geriebener Emmentalerkäse
50 g geriebener Räucherkäse
50 g geriebener Greyerzerkäse
3 Eier, leicht geschlagen
1/8 l Milch
200 g Sahne
1 EL gehackter frischer Schnittlauch
2 EL gehackte frische Petersilie

1 Ofen auf mittlere 180°C vorheizen. Ein Teigblatt ausbreiten und mit zerlassener Butter bestreichen. Ein zweites Blatt Teig über das erste legen und mit Butter bestreichen. So fortfahren, bis alle Blätter verbraucht sind.
2 Eine 23 cm große runde Kuchenform mit zerlassener Butter oder Öl bestreichen. Form mit Teig auslegen und die Ränder einschlagen.
3 Für die Füllung alle Zutaten in einer Schüssel gut vermischen. Füllung in bereitstehende Form gießen und in 35 Min. leicht braun und fest backen.

Kartoffelkuchen mit Senf

Zubereitungszeit:
15 Min.
Gesamte Backzeit:
50 Min.
Ergibt 6 Portionen

2 Blätter fertig ausgerollter Mürbeteig

Füllung
1 ½ Becher Kartoffelpüree
2 EL Senf, ohne Körner
3 Eier, leicht geschlagen
125 g saure Sahne
60 g Sahne
2 EL gehackter frischer Schnittlauch
1 EL geriebener Parmesankäse

1 Ofen auf mäßig hohe 210°C (Gas 190°C) vorheizen. Teig so ausrollen, daß er in eine 23 cm runde Kuchenform paßt. Teig in die Form geben und die Ränder abschneiden.
2 Ein Blatt Fettpapier so ausschneiden, daß es die Form bedeckt. Das Papier auf den Teig legen und eine Schicht getrockneter Bohnen oder Reis darüber verteilen. 10 Min. backen. Aus dem Ofen nehmen, Papier und Bohnen oder Reis entfernen. In den Ofen geben und Teig in weiteren 10 Min. leicht goldgelb backen. Danach kaltstellen.
3 Für die Füllung alle Zutaten in einer Schüssel gut verrühren. In die vorbereitete Teighülle gießen und in 30 Min. fest backen. Heiß servieren.

Tomatenkuchen mit Avocado und Schinken

Zubereitungszeit:
15 Min.
Gesamte Backzeit: 40 Min.
Ergibt 6 Portionen

8 Scheiben Brot, ohne Kruste
40 g weiche Butter

Füllung
80 g Keulenschinken, in Scheiben
4 große Cocktailtomaten, in Scheiben
½ große reife Avocadofrucht, in Scheiben
100 g geriebener Greyerzer- oder Emmentalerkäse
3 Eier
80 g saure Sahne
5 EL Milch

1 Ofen auf mäßig hohe 210°C (Gas 190°C) vorheizen. Brot mit Nudelholz flachwalzen. Beide Brotseiten mit Butter bestreichen, diagonal durchschneiden und so in eine 23 cm große runde Paste-

Im Uhrzeigersinn von links: Dreikäsekuchen, Kartoffelkuchen mit Senf und Tomatenkuchen mit Avocado und Schinken

tenform drücken, daß sie Boden und Ränder gleichmäßig bedecken. In 10 Min. leicht gebräunt und knusprig backen. Nicht zu stark backen.

2 Für die Füllung Hitze im Ofen auf mittlere 180°C verringern. Gebackene Unterfläche mit Schinken, Tomaten, Avocado und Käse belegen. Eier, saure Sahne und Milch in einer Schüssel gut verrühren und über Pastetenfüllung gießen. Füllung in 30 Min. leicht gebräunt und fest backen.

Lieblingsgerichte für die ganze Familie

Weil Quiches und Kuchen gut vorbereitet werden können, sind sie in der Familie bei allen sehr beliebt. Sie können problemlos verfeinert werden; man kann sie verpackt zum Picknick mitnehmen und sie alle im voraus zubereiten und wieder aufwärmen. Ebenso lassen sich in diesen Gerichten leicht Reste verwenden. Am wichtigsten aber ist, daß sie köstlich, gesund und preiswert den Hunger stillen.

Traditionelle Quiche Lorraine

Zubereitungszeit:
30 Min. + 20 Min. im Kühlschrank
Gesamte Backzeit:
50 Min.
Ergibt 4 Portionen

200 g Mehl
90 g Butter, in Würfel geschnitten
2-3 EL Eiswasser

Füllung
3 gehackte Speckstreifen
1 TL Öl
60 g geriebener Greyerzerkäse
3 Eier, leicht geschlagen
125 g Sahne
⅛ l Milch
½ TL gemahlene Muskatnuß

1 Mehl in eine Schüssel sieben, Butter dazugeben und mit den Händen unter das Mehl mengen, bis die Mischung fein und krümelig ist. Mit dem meisten Wasser zu einem festen Teig vermengen und nach Bedarf mehr Wasser dazugeben. Den Teig auf einer mit Mehl bestäubten Fläche glatt kneten. Ausrollen und eine 23 cm große Tortenform damit auslegen. Bedeckt 20 Min. kaltstellen.

2 Ofen auf mittlere 180°C vorheizen. Teig mit einem passenden Blatt Fettpapier bedecken, eine Schicht getrockneter Bohnen oder Reis darüber verteilen. Nach 10 Min. Backzeit Papier mit Bohnen oder Reis entfernen und in weiteren 10 Min. goldgelb backen. Abkühlen lassen.

Traditionelle Quiche Lorraine (oben) und Ricottaquiche mit Spinat (Seite 24)

3 Für die Füllung Öl in einer Bratpfanne erhitzen, Speck bei mittlerer Hitze knusprig braten und auf Küchenpapier abtropfen lassen. Den Teig damit belegen; mit Greyerzerkäse bestreuen.
4 Eier, Sahne und Milch in einer mittelgroßen Schüssel verrühren, in die Form gießen und mit Muskatnuß bestreuen. In 30 Min. fest und goldgelb backen. Heiß oder kalt servieren.

Ricottaquiche mit Spinat

Zubereitungszeit:
30 Min. + 20 Min. im Kühlschrank
Gesamte Backzeit:
52 Min.
Ergibt 6 Portionen

200 g Mehl
90 g Butter, in Würfel geschnitten
1 Eigelb
1-2 EL Eiswasser

Füllung
1 Bund Spinat
250 g Ricottakäse
50 g geriebener Greyerzer- oder Emmentalerkäse
4 gehackte Frühlingszwiebeln
3 Eier
80 g saure Sahne
4 EL Milch
¼ TL gehackte schwarze Pfefferkörner
½ TL gemahlene Muskatnuß

1 Ofen auf mäßig hohe 210°C (Gas 190°C) vorheizen. Mehl und Butter in die Küchenmaschine geben. In 30 Sek. zu einer feinen, krümeligen Masse verrühren. Eigelb und fast gesamtes Wasser dazugeben und 20 Sek. verrühren, bis die Mischung sich verbindet. Nach Bedarf noch Wasser dazugeben. Mischung auf eine mit Mehl bestäubte Fläche geben und behutsam glattkneten. In eine Frischhaltefolie einschlagen und 20 Min. kaltstellen.
2 Eine flache, 23 cm runde Kuchenform mit zerlassener Butter oder Öl bestreichen. Teig zwischen zwei Lagen Frischhaltefolie so ausrollen, daß er Boden und Ränder der Form bedeckt. Teig in die Form geben und zurechtschneiden.
3 Ein Blatt Fettpapier so ausschneiden, daß es die Form bedeckt. Teig mit dem Papier bedecken, eine Schicht getrockneter Bohnen oder Reis darüber verteilen. 10 Min. backen, aus dem Ofen nehmen, Papier mit Bohnen oder Reis entfernen. In weiteren 7 Min. leicht goldgelb backen. Abkühlen lassen.
4 Für die Füllung Ofenhitze auf mittlere 180°C verringern. Spinatstiele abschneiden und Blätter 1 Min. in kochendem Wasser abbrühen. Unter kaltem Wasser abschrekken, abtropfen lassen und überschüssiges Wasser ausdrücken. Spinat zerkleinern und in einer großen Schüssel mit Ricotta, Greyerzerkäse, Frühlingszwiebeln, Eiern, saurer Sahne, Milch und Pfeffer verrühren. In die bereitstehende Teighülle gießen, mit Muskatnuß bestreuen und in 35 Min. leicht gebräunt und fest backen. 5 Min. stehen lassen, dann heiß servieren.

Kleine Quiches mit Meerestieren

Zubereitungszeit:
30 Min.
Gesamte Backzeit:
30 Min.
Ergibt 8 Portionen

8 Blatt fertiger Blätterteig
60 g zerlassene Butter
150 g Fleisch von kleinen Garnelen
150 g frische Muscheln, gesäubert und halbiert
3 Eier
190 g Sahne
⅛ l Milch
4 gehackte Frühlingszwiebeln
25 g geriebener Greyerzer- oder Emmentalerkäse
2 EL Mehl
1 TL gehackter frischer Thymian

1 Ofen auf mittlere 180°C vorheizen. Acht 8 cm kleine Quicheformen mit zerlassener Butter oder Öl bestreichen. Vier Blatt Blätterteig übereinander-

Kleine Quiches mit Meerestieren

legen, jedes Blatt vorher mit zerlassener Butter bestreichen. Teig in die Hälfte schneiden, jede Hälfte in vier Quadrate. Mit restlichem Teig und Butter genauso verfahren. Jede Quicheform mit vier Teigquadraten (Quadrate im rechten Winkel zueinander) auslegen. Mit restlicher Butter bestreichen.
2 Garnelen und Muscheln in die Formen verteilen. In einer großen Schüssel Eier, Sahne, Milch, Frühlingszwiebeln, Käse und Mehl gut verrühren. Über Meerestiere gießen, mit Thymian bestreuen, und in 30 Min. goldbraun und fest backen. 5 Min. in der Form stehen lassen. Mit grünem Salat und knusprigem Brot servieren.

Hinweis: Thymian kann nach Wunsch durch Petersilie, Schnittlauch, Dill oder andere gehackte frische Kräuter ersetzt werden.

Paprikaquiche

Zubereitungszeit:
40 Min. + 20 Min. im Kühlschrank
Gesamte Backzeit:
55 Min.
Ergibt 4 Portionen

155 g Mehl
60 g Butter, in Würfel geschnitten
1 Ei
1-2 EL Eiswasser

Füllung
1 mittelgroße, rote Paprikaschote
2 Eier
125 g Sahne
4 EL Milch
½ TL Dijonsenf
½ TL gespaltene schwarze Pfefferkörner
1 EL gehackter frischer Schnittlauch

1. Ofen auf mäßig hohe 210°C (Gas 190 °C) vorheizen. Mehl in eine große Schüssel sieben und Butter dazugeben. Butter mit den Fingerspitzen unter das Mehl mengen, bis die Mischung fein und krümelig ist. Ei und Wasser dazugeben, so daß ein fester Teig entsteht. Auf eine mit Mehl bestäubte Fläche geben und in 30 Sek. glattkneten. In Frischhaltefolie schlagen und 20 Min. kaltstellen.
2 Eine flache, 20 cm runde Kuchenform mit zerlassener Butter oder Öl bestreichen. Teig zwischen zwei Lagen Folie so ausrollen, daß er Boden und Ränder der Form bedeckt. Teig in die Form geben, Ränder beschneiden.
3 Ein Blatt Fettpapier so ausschneiden, daß es die Form bedeckt. Teig mit Papier bedecken und getrockneter Bohnen oder Reis darüber verteilen. 10 Min. backen, aus dem Ofen nehmen, Papier mit Bohnen oder Reis entfernen. In den Ofen zurückstellen, in 7 Min. leicht goldgelb backen. Abkühlen lassen.
4 Für die Füllung Grill anstellen. Paprikaschote vierteln, Samen und Trennwände entfernen. Mit der Haut nach oben auf ein Ofenblech geben und grillen, bis die Haut Blasen bildet und schwarz wird. Blech herausnehmen, Paprikaschoten mit einem Küchentuch abdek-ken und abkühlen lassen. Haut schälen, Fruchtfleisch in feine Streifen schneiden. Ofenhitze auf mittlere 180°C verringern. Vorbereitete Teighülle mit Paprikaschotenstreifen belegen. Restliche Zutaten gut verrühren und in die Teighülle gießen. In 35 Min. leicht braun und fest backen. Heiß oder kalt mit Salat und warmen Brötchen servieren.

Maisquiche mit Hühnchen

Zubereitungszeit:
35 Min. + 20 Min. im Kühlschrank
Gesamte Backzeit:
57 Min.
Ergibt 4 Portionen

155 g Mehl
60 g Butter, in Würfel geschnitten
1 Eigelb
50 g geriebener Greyerzer- oder Emmentalerkäse
1-2 EL Eiswasser

Füllung
20 g Butter, in Würfel geschnitten
1 mittelgroße, fein gehackte Zwiebel
1 ½ Becher gehacktes, gekochtes Hühnchen
130 g abgetropften Dosenmais
½ mittelgroße, gehackte rote Paprikaschote
2 Eier
125 g Sahne
⅛ l Milch
25 g geriebener Greyerzer- oder Emmentalerkäse
1 EL gehackter frischer Schnittlauch

1. Ofen auf mäßig hohe 210°C (Gas 190°C) vorheizen. Mehl in eine große Schüssel sieben, Butter dazugeben. Butter mit den Fingerspitzen unter das Mehl mengen, bis die Mischung fein und krümelig ist. Eigelb, Käse und Wasser dazugeben, so daß ein

Paprikaquiche (links) und Maisquiche mit Hühnchen

fester Teig entsteht. Auf eine mit Mehl bestäubte Fläche geben und in 30 Sek. glattkneten. In Frischhaltefolie schlagen und 20 Min. kaltstellen.
2 Eine flache, 20 cm runde Kuchenform mit zerlassener Butter oder Öl bestreichen. Teig zwischen zwei Lagen Folie so ausrollen, daß er Boden und Ränder der Form bedeckt. Teig in die Form geben und Rand zuschneiden.
3 Ein Blatt Fettpapier so groß ausschneiden, daß es die Form mit Teig bedeckt. Die Form mit Papier auslegen, Schicht getrockneter Bohnen oder Reis darüber verteilen. 10 Min. backen, aus dem Ofen nehmen, Papier mit Bohnen oder Reis entfernen. In den Ofen zurückgeben und in 7 Min. leicht goldgelb backen. Abkühlen lassen.
4 Für die Füllung Ofenhitze auf mittlere 180°C verringern. Butter in einer kleinen Pfanne erhitzen, Zwiebel weich dünsten und auf Küchenpapier abtropfen lassen. Zwiebel, Hühnchen, Mais und Paprikaschote auf Teigboden verteilen. Restliche Zutaten in eine große Schüssel geben und vermischen. In die Teighülle gießen, in 35 Min. leicht gebräunt und fest backen. Die Form vor dem Servieren 5 Min. stehen lassen. Heiß oder kalt mit grünem Salat servieren.

Krabbenquiche mit Kräuterteig

Zubereitungszeit:
35 Min. + 20 Min. im Kühlschrank
Gesamte Backzeit: 50 Min.
Ergibt 4 bis 6 Portionen

200 g Mehl
90 g Butter, in Würfel geschnitten
1 Eigelb
1 EL gehackter frischer Dill
1 EL gehackter frischer Schnittlauch
1 EL gehackte frische Petersilie
1-2 EL Eiswasser

Füllung
20 g Butter
1 mittelgroße Zwiebel, in feinen Scheiben
200 g Krabbenfleisch aus der Dose
2 Eier
190 g Sahne
35 g geriebener Greyerzer- oder Emmentalerkäse
Dillspitzen, zum Garnieren

1 Ofen auf mäßig hohe 210°C (Gas 190°C) vorheizen. Mehl in eine große Schüssel sieben, Butter dazugeben. Butter mit den Fingerspitzen unter das Mehl mengen, bis die Mischung fein und krümelig ist. Eigelb, Kräuter und Wasser daruntermengen, so daß ein fester Teig entsteht. Auf eine mit Mehl bestäubte Fläche geben und in 30 Sek. glattkneten. In Frischhaltefolie schlagen und 20 Min. kaltstellen.

2 Eine flache, 10 x 35 cm große Kuchenform mit zerlassener Butter oder Öl bestreichen. Teig zwischen zwei Lagen Folie so ausrollen, daß er Boden und Ränder der Form bedeckt. Teig in die Form geben und zuschneiden.

3 Ein Blatt Fettpapier so ausschneiden, daß es die Form bedeckt. Teig mit Papier bedecken, Schicht getrockneter Bohnen oder Reis darüber verteilen. 10 Min. backen, aus dem Ofen nehmen, Papier mit Bohnen oder Reis entfernen. In weiteren 7 Min. leicht goldgelb backen. Abkühlen lassen.

4 Für die Füllung Ofenhitze auf mittlere 180°C verringern. Butter in einer kleinen, schweren Bratpfanne erhitzen und Zwiebel weich dünsten. Auf Küchenpapier abtropfen lassen. Krabbenfleisch ebenfalls abgießen, überschüssiges Wasser mit Küchenpapier ausdrücken. Zwiebel und Krabben auf dem Boden der vorbereite ten Teighülle verteilen. Eier, Sahne und Käse in einer mittelgroßen Schüssel gut verrühren. In die Teighülle gießen, mit Dillspitzen garnieren. In 30 Min. leicht goldgelb und fest backen. Heiß oder kalt servieren.

Hinweis: Das Krabbenfleisch aus der Dose kann man durch 200 g frisches Krabbenfleisch ersetzen.

Krabbenquiche mit Kräuterteig

1. Für Krabbenquiche mit Kräuterteig den Teig behutsam glattkneten.

2. Teig in die Form geben. Um die Ränder abzuschneiden, das Nudelholz fest über die Form rollen.

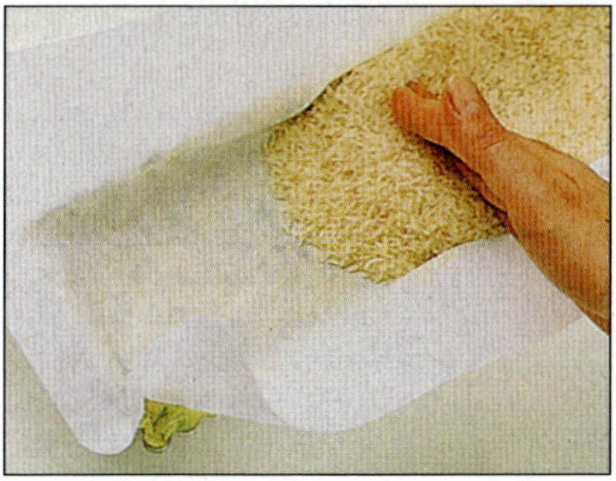

3. Form mit Papier auslegen, eine Schicht getrocknete Bohnen oder Reis gleichmäßig darauf verteilen.

4. Krabbenmischung über den Teig verteilen. Füllung über Krabben gießen und mit Dillspitzen garnieren.

Große Pizza

Zubereitungszeit:
25 Min.
Gesamte Backzeit: 35 Min.
Ergibt 4 bis 6 Portionen

300 g Mehl
1 ½ TL Backpulver
1 TL Zucker
15 g Butter, in Würfel geschnitten
¼ l Milch

Belag
140 g Tomatenmark
½ große grüne Paprikaschote, in feinen Scheiben
1 kleine, feingehackte Zwiebel
6 Cocktailtomaten, in Scheiben
6 Champignons, in Scheiben
140 g Schinken, in Scheiben
10 entkernte schwarze Oliven
125 g geriebener Greyerzer- oder Emmentalerkäse

1 Ofen auf mäßig hohe 210°C (Gas 190°C) vorheizen. Mehl, Zucker und Butter in die Küchenmaschine geben. In 30 Sek. fein und krümelig verrühren, in eine mittelgroße Schüssel geben. In der Mitte eine Vertiefung machen und Milch dazugeben. Mit einem Messer zu einem weichen, klebrigen Teig vermischen. Teig auf eine mit Mehl bestäubte Fläche geben und glattkneten.
2 Eine flache, 23 cm quadratische Kuchenform mit zerlassener Butter oder Öl bestreichen. Teig zwischen zwei Lagen Folie so ausrollen, daß er Boden und Ränder der Form bedeckt. Teig in die Form geben und beschneiden.
3 Für den Belag Tomatenmark auf Teigboden verteilen. Mit restlichen Zutaten belegen. In 35 Min. leicht gebräunt backen. Der Teig soll gut durchgebacken sein. Heiß servieren.

Kleine Lauchquiches

Zubereitungszeit:
40 Min.
Gesamte Backzeit:
47 Min.
Ergibt 6 Portionen

80 g Maismehl
120 g Mehl
90 g Butter, in Würfel geschnitten
1-2 EL Eiswasser

Füllung
3 mittelgroße Lauchstangen, in Scheiben
60 g Butter
5 EL trockener Weißwein
2 Eier
200 g Sahne
1 EL gehackter frischer Schnittlauch
2 EL geriebener Parmesankäse

1 Ofen auf mäßig hohe 210°C (Gas 190°C) vorheizen. Maismehl, Mehl und Butter in die Küchenmaschine geben und 30 Sek. verrühren, bis die Mischung fein und krümelig ist. Fast gesamtes Wasser dazugeben und 20 Sek. durchrühren, so daß sich die Mischung verbindet. Nach Bedarf mehr Wasser dazugeben. Auf eine mit Mehl bestäubte Fläche geben und zu einem Teig glattkneten. In Frischhaltefolie schlagen und 20 Min. kaltstellen.
2 Sechs 10 cm runde Kuchenförmchen mit zerlassener Butter oder Öl bestreichen. Teig in sechs gleiche Portionen aufteilen. Jede Portion zwischen zwei Lagen Folie so ausrollen, daß sie Boden und Ränder der Förmchen bedeckt. Teig in die Förmchen geben und zuschneiden.
3 Sechs Blätter Fettpapier so ausschneiden, daß sie die Förmchen bedecken. Förmchen mit Papier auslegen, Schicht getrockneter Bohnen oder Reis darüber verteilen. Kuchenförmchen auf ein großes Ofenblech geben und 10 Min. backen. Aus dem Ofen nehmen, Papier mit Bohnen oder Reis entfernen. In weiteren 7 Min. leicht goldgelb backen. Abkühlen lassen.
4 Für die Füllung Ofenhitze auf mittlere 180°C verringern. Lauch waschen, abtropfen lassen und in

Kleine Lauchquiches (oben) und große Pizza

feine Scheiben schneiden. Butter bei mittlerer Hitze in schwerer Pfanne erhitzen. Lauch unter Rühren weichdünsten. Wein dazugeben und rühren, bis der Lauch weich und die Flüssigkeit verdampft ist. Mischung gleichmäßig auf Teighüllen verteilen. Eier, Sahne und Schnittlauch verrühren. Gleichmäßig in Teighüllen verteilen und mit Parmesankäse bestreuen. 30 Min. backen, bis die Füllung leicht gebräunt und fest ist. Heiß oder kalt mit italienischem Salat und warmem, knusprigem Brot servieren.

Hinweis: Lauch immer gründlich waschen, damit Schmutz und Erde zwischen den Blättern herausgespült werden.

Gemüsequiche

Zubereitungszeit:
40 Min. + 20 Min. im Kühlschrank
Gesamte Backzeit:
40 Min.
Ergibt 4 bis 6 Portionen

120 g Mehl
80 g Vollkornmehl
100 g Butter, in Würfel geschnitten
1-2 EL Zitronensaft

Füllung
100 g Brokkoli, in kleine Röschen zerteilt
2 kleine Zucchini, in 2 cm dicken Scheiben
150 g Kürbis, in 2 cm großen Würfeln
2 TL Öl
1 kleine, rote Paprikaschote, in 2 cm großen Vierteln
1 gehackte mittelgroße Zwiebel
50 g Butter
3 EL Mehl
¼ l Milch
2 Eigelb
100 g fein geriebener Greyerzer- oder Emmentalerkäse
frisch gemahlener schwarzer Pfeffer, zum Abschmecken
130 g Mais

1 Beide Mehlsorten in eine große Schüssel sieben, Spelzen in die Schüssel zurückgeben. Butter hineingeben und mit den Fingerspitzen 2 Min. unter das Mehl mengen, bis die Mischung fein und krümelig ist. Fast den gesamten Zitronensaft dazugießen. Zu einem festen Teig vermischen und nach Bedarf mehr Flüssigkeit hineingeben. Mischung auf eine mit Mehl bestäubte Fläche geben und glattkneten. Eine 20 cm runde Kuchenform mit zerlassener Butter oder Öl bestreichen. Teig so ausrollen, daß Boden und Seiten der Form bedeckt sind. Teig in die Form geben, in Folie schlagen und 20 Min. kaltstellen.
2 Ofen auf mittlere 180°C vorheizen. Ein Blatt Fettpapier so ausschneiden, daß es die Form bedeckt. Form mit dem Papier auslegen, Schicht getrockneter Bohnen oder Reis darüber verteilen. 10 Min. backen, aus dem Ofen nehmen und Papier mit Bohnen oder Reis entfernen. In weiteren 10 Min. leicht goldgelb backen. Abkühlen lassen.
3 Für die Füllung Brokkoli, Zucchini und Kürbis im Topf oder in der Mikrowelle weich garen. Abgießen. Öl in schwerer Pfanne erhitzen, Paprikaschote und Zwiebel bei mittlerer Hitze weich dünsten. Beiseite stellen. Butter erhitzen und Mehl hineingeben. Bei niedriger Hitze 2 Min. rühren, bis die Mehlmischung goldgelb ist. Unter Rühren nach und nach Milch hinzugeben, bis die Mischung glatt ist. Bei mittlerer Hitze ständig rühren, bis die Mischung aufkocht und eindickt. Noch 1 Min. kochen. Vom Feuer nehmen und Eigelb darunterziehen, bis die Mischung glatt ist. Käse unterrühren.
4 Gegartes Gemüse in große Schüssel geben. Mais abgießen und mit Pfeffer in die Schüssel schütten. Heiße Soße über das Gemüse gießen und gut verrühren. Gemüsemischung in die Teighülle geben und 20 Min. backen, bis oberer Teil goldgelb ist. Heiß servieren.

Lachsquiche

Zubereitungszeit:
30 Min. + 20 Min. im Kühlschrank
Gesamte Backzeit:
50 Min.
Ergibt 4 bis 6 Portionen

200 g Mehl
90 g Butter, in Würfel geschnitten
2-3 El Eiswasser

Füllung
420 g roter Lachs
125 g weicher Doppelrahmfrischkäse
80 g Ricottakäse
3 Eier, leicht geschlagen
3 feingehackte Frühlingszwiebeln

1 Mehl in große Schüssel sieben. Butterwürfel hineingeben und mit den Fingerspitzen 2 Min. unter das Mehl mengen, bis die Mischung fein und krümelig ist.

Gemüsequiche (links) und Lachsquiche

Fast gesamtes Wasser dazugießen, nach Bedarf mehr Wasser hinzufügen. Mischung auf eine mit Mehl bestäubte Fläche geben und glattkneten. Eine 20 cm runde, flache Kuchenform mit zerlassener Butter oder Öl bestreichen. Teig so ausrollen, daß Boden und Seiten der Form bedeckt sind. Teig in die Form geben und zuschneiden. In Frischhaltefolie schlagen und 20 Min. kaltstellen.

2 Ofen auf mittlere 180°C vorheizen. 1Blatt Fettpapier ausschneiden, so daß es die Form bedeckt. Teig mit Papier bedecken, Schicht getrockneter Bohnen oder Reis darüber verteilen und 10 Min. backen. Papier mit Bohnen oder Reis entfernen und weitere 10 Min. leicht goldgelb backen. Abkühlen lassen.

3 Für die Füllung Lachs abtropfen lassen und zerkleinern. Frischkäse, Ricotta und Eier in den Mixer geben und in 30 Sek. glatt verrühren.

4 Eimischung und Frühlingszwiebeln zum Lachs geben. Die vorbereitete Teighülle damit belegen und in 30 Min. goldgelb und fest backen.

Blauschimmelkäsequiche

Zubereitungszeit:
30 Min. + 20 Min. im Kühlschrank
Gesamte Backzeit:
50 Min.
Ergibt 4 bis 6 Portionen

155 g Mehl
60 g gemahlene Walnüsse
60 g Butter, in Würfel geschnitten
1-2 EL Eiswasser

Füllung
150 g Blauschimmelkäse
125 g Sahne
2 Eier, leicht geschlagen
1 EL gehackte Petersilie

1 Mehl in eine große Schüssel sieben, Walnüsse und Butter hineingeben. Butter mit Fingerspitzen 2 Min. verrühren, bis die Mischung fein und krümelig ist. Fast gesamtes Wasser dazugeben und zu festem Teig vermengen. Nach Bedarf mehr Wasser dazugeben. Mischung auf eine mit Mehl bestäubte Fläche geben und glattkneten. Eine 20 cm große Kuchenform mit zerlassener Butter oder Öl bestreichen. Teig so ausrollen, daß Boden und Ränder der Form bedeckt sind und zuschneiden.
20 Min. kaltstellen.
2 Ofen auf mittlere 180°C vorheizen. Blatt Fettpapier ausschneiden, so daß es die Form bedeckt. Form mit Papier auslegen, Schicht getrockneter Bohnen oder Reis darüber verteilen.
10 Min. backen, aus dem Ofen nehmen und Papier mit Bohnen oder Reis entfernen. In weiteren 10 Min. Teig leicht goldgelb backen. Abkühlen lassen.
3 Für die Füllung Käse in eine Schüssel geben und leicht pürieren. Sahne, Eier und Petersilie verrühren. In die vorbereitete Teighülle schütten, 30 Min. backen, bis die Füllung aufgegangen und goldgelb ist. Die Füllung setzt sich, wenn die Quiche abkühlt. Warm servieren.

Kürbiskuchen mit Speck

Zubereitungszeit:
35 Min. + 20 Min. im Kühlschrank
Gesamte Backzeit:
55 Min.
Ergibt 6 Portionen

200 g Mehl
90 g Butter, in Würfel geschnitten
1 TL gemahlene Muskatnuß
50 g geriebener Greyerzer- oder Emmentalerkäse
1 Eigelb
1-2 EL Eiswasser

Füllung
1 EL Öl
2 feingehackte Speckstreifen
1 ¼ Becher gekochter, pürierter Kürbis (aus 375 g rohem Kürbis)
1 EL Mehl
125 g Sahne
3 Eier
1 EL gehackter frischer Schnittlauch
1 EL frisches Basilikum, zerkleinert
¼ TL gehackte schwarze Pfefferkörner
1 TL gemahlene Muskatnuß, zusätzlich zum Garnieren

Kürbiskuchen mit Speck (links) und Blauschimmelkäsequiche

1 Ofen auf mäßig hohe 210°C (Gas 190°C) vorheizen. Mehl und Butter in die Küchenmaschine geben. 30 Sek. verrühren, bis die Mischung fein und krümelig ist. Muskatnuß, Käse, Eigelb und fast gesamtes Wasser dazugeben und weitere 20 Sek. verrühren, bis sich die Mischung verbindet. Nach Bedarf mehr Wasser dazugeben. Mischung auf eine mit Mehl bestäubte Fläche geben und glattkneten. In Frischhaltefolie schlagen und 20 Min. kaltstellen.
2 Eine 23 cm große Kuchenform mit zerlassener Butter oder Öl bestreichen. Teig zwischen zwei Lagen Folie so ausrollen, daß Boden und Ränder der Form bedeckt sind. Teig in die Form geben und zuschneiden.
3 1 Blatt Fettpapier zuschneiden, so daß es die Form bedeckt. Form mit Papier auslegen, Schicht getrockneter Bohnen oder Reis darüber verteilen. 10 Min. backen, aus dem Ofen nehmen und Papier mit Bohnen oder Reis entfernen. In weiteren 10 Min. Teig leicht goldgelb backen. Abkühlen lassen.
4 Für die Füllung Ofenhitze auf mittlere 180°C verringern. Öl in einer schweren Bratpfanne erhitzen. Speck knusprig braten und auf Küchenpapier abtropfen lassen. Speck mit restlichen Zutaten gut verrühren. Mischung in die vorbereitete Teighülle geben und in 35 Min. goldgelb und fest backen. Heiß servieren.

1. Für mexikanische Pastete Wasser zu Maismehl und Buttermischung geben. Verrühren.

2. Teigränder verzieren, indem zuerst Schlitze, dann Dreiecke eingeschnitten werden.

Mexikanische Pastete

Zubereitungszeit:
35 Min. + 20 Min. im Kühlschrank
Gesamte Backzeit: 40 Min.
Ergibt 4 bis 6 Portionen

155 g Mehl
40 g Maismehl oder Polenta
100 g Butter, in Würfel geschnitten
2 EL Eiswasser

Füllung
440 g rote Gartenbohnen aus der Dose
½ Becher Tacosoße
75 g geriebener Greyerzer- oder Emmentalerkäse
260 g abgetropfter Dosenmais
½ Becher Tacosoße, zusätzlich
2 EL Tomatenmark
1 mittelgroße Avocadofrucht
2 EL saure Sahne

1 Mehl und Maismehl in eine große Schüssel sieben und Butter hineingeben. Butter 2 Min. mit den Fingerspitzen vermengen, bis die Mischung fein und krümelig ist. Fast gesamtes Wasser dazugeben und zu einem festen Teig verrühren. Nach Bedarf mehr Wasser hinzugeben. Mischung auf eine mit Mehl bestäubte Fläche geben und glattkneten.
2 Eine 23 cm große Pastetenform mit zerlassener Butter oder Öl bestreichen. Teig so ausrollen, daß er Boden und Ränder der Form bedeckt. Teig in die Form geben und Rand beschneiden. Für die Randdekoration 1,5 cm voneinander entfernte Schlitze in den Rand schneiden; aus jedem Teil Dreiecke von der linken zur rechten Ecke schneiden. Teig gleichmäßig um den Rand biegen. Mit Frischhaltefolie abdecken und 20 Min. kaltstellen.
3 Ofen auf mittlere 180°C vorheizen. 1 Blatt Fettpapier zuschneiden, so daß es die Form bedeckt. Form mit Papier auslegen, Schicht getrockneter Bohnen oder Reis darüber verteilen. 10 Min. backen, aus dem Ofen nehmen und Papier mit Bohnen oder Reis entfernen. In weiteren 10 Min. Teig leicht goldgelb backen. Abkühlen lassen.
4 Für die Füllung rote Bohnen abgießen, abspülen und hacken. Alle Zutaten in einer mittelgroßen Schüssel verrühren. Den Boden der Teighülle mit der Bohnenmischung belegen, mit Tomatenmark vermischte Tacosoße darübergießen. 20 Min. backen.
5 Avocado halbieren, schälen, in Scheiben schneiden. Avocadoscheiben radförmig auf der heißen Pastete anordnen und in der Mitte einen Tupfen saure Sahne auftragen. Sofort mit grünem Salat und warmem Maisbrot oder Brötchen servieren.

Mexikanische Pastete

3. Vorbereitete Teighülle gleichmäßig mit Bohnenfüllung belegen.

4. Nach dem Backen Pastete mit radförmig angeordneten Avocadoscheiben garnieren.

Soufflé mit Hühnchen und Pilzen

Zubereitungszeit:
45 Min.
Gesamte Backzeit:
25 Min.
Ergibt 6 Soufflés (12 cm Durchmesser)

6 Blatt fertiger Blätterteig
30 g zerlassene Butter
1 EL trockene Semmelbrösel
1 EL Öl
1 Hühnchenbrustfilet, in feinen Scheiben
65 g Champignons, in feinen Scheiben
2 EL Weißwein

Soufflébelag
40 g Butter
2 EL Mehl
170 ml Milch
3 Eier, getrennt
35 g fein geriebener Greyerzer- oder Emmentalerkäse
1 EL geriebener Parmesankäse
¼ TL Senfpulver

1 Ein Blatt Blätterteig auf die Arbeitsfläche legen, die lange Seite parallel zum Rand. Linke Hälfte mit Butter bestreichen und mit Semmelbröseln bestreuen. Rechte Hälfte darüber falten. Den Teig quadratisch zuschneiden. Die Ecken nach innen falten, so daß sie sich wie bei einem Umschlag treffen. Sechs 12 x 2 cm tiefe Pastetenförmchen mit zerlassener Butter oder Öl bestreichen. Jedes Förmchen mit einem Blatt gefalteten Blätterteig auslegen. Förmchen mit einem feuchten Küchentuch abdecken, damit sie nicht austrocknen.
2 Öl in einer Pfanne erhitzen. Hühnchen, Pilze und Wein hineingeben und bei mittlerer Hitze 5 Min. weichdünsten. Abkühlen lassen. Ofen auf mäßig hohe 210°C (Gas 190°C) vorheizen.
3 Für den Belag Butter in einer Pfanne erhitzen und Mehl hineingeben. Bei niedriger Hitze Mehlmischung 2 Min. unter ständigem Rühren hellgelb anschwitzen. Nach und nach Milch hineingeben und glattrühren. Unter ständigem Rühren bei mittlerer Hitze 2 Min. erwärmen, bis die Mischung kocht und eindickt; 1 Min. länger kochen, dann vom Feuer nehmen. Eigelb glatt unterrühren. Käse und Senf hinzufügen.
4 Eiweiß mit elektrischem Schneebesen in kleiner, trockener Schüssel steifschlagen. Mit einem Metallöffel unter die Käsemischung ziehen. Hühnchenmischung gleichmäßig auf vorbereitete Förmchen verteilen, Ei- und Käsemischung daraufgeben. 15 Min. backen, bis der Belag schön aufgegangen und goldgelb ist.
Sofort servieren.

Spargelquiche

Zubereitungszeit:
35 Min. + 20 Min. im Kühlschrank
Gesamte Backzeit:
45 Min.
Ergibt 4 bis 6 Portionen

155 g Mehl
155 g Vollkornmehl
90 g Butter, in Würfel geschnitten
2-3 EL Eiswasser

Füllung
680 g grüner Spargel (Dose)
2 TL Öl
1 kleine feingehackte Zwiebel
80 g Sahne
5 EL Milch
2 Eier
50 g fein geriebener Greyerzer- oder Emmentalerkäse

1 Mehl in große Schüssel sieben, Spelzen in die Schüssel zurückwerfen. Butter hineingeben und mit den Fingerspitzen 2 Min. vermengen, bis die Mischung fein und krümelig ist. Fast gesamtes Wasser dazugeben und zu einem festen Teig vermengen. Nach Bedarf mehr Wasser dazugeben. Mischung auf eine mit Mehl bestäubte Fläche geben und glattkneten. Eine 20 cm runde Springform mit zerlassener Butter oder Öl bestreichen. Teig so ausrollen, daß er Boden und

Spargelquiche (oben) und ein Soufflé mit Hühnchen und Pilzen

Ränder der Form bedeckt. Teig in die Form geben, 2 cm unter dem Rand abschneiden und Oberteil zu einem Teigrand falten. In Frischhaltefolie einschlagen und 20 Min. kaltstellen.

2 Spargel gründlich abtropfen, acht Stangen aufheben. Den Rest in 2 cm lange Stücke schneiden. Öl in einer Pfanne erhitzen und Zwiebel bei niedriger Hitze weichdünsten.

3 Sahne, Milch und Eier in eine Schüssel geben und verrühren. Teighülle mit Spargelstücken, Zwiebel und Käse belegen, Füllung darübergießen. Aufgehobene Stangen darüber verteilen und in 40 Min. fest und goldgelb backen.

Zwiebeltorte (links) und kleine Tomatentörtchen

Kleine Tomatentörtchen

Zubereitungszeit: 35 Min. +20 Min. im Kühlschrank
Gesamte Backzeit: 1 Std. 20 Min.
Ergibt sechs Törtchen (12 cm Durchmesser)

230 g Mehl
100 g Butter, in Würfel geschnitten
2-3 EL Eiswasser
1 EL feingehackte frische Petersilie
1 EL gehackter frischer Schnittlauch
2 EL feingehacktes Basilikum

Füllung
6 Eiertomaten
100 g Mascarponekäse (italienischer Rahmfrischkäse)
3 Eier
50 g geriebener Greyerzerkäse

1 Mehl in eine große Schüssel sieben. Butter dazugeben und mit den Fingerspitzen 2 Min. vermengen, bis die Mischung fein und krümelig ist. Kräuter untermischen. Fast gesamtes Wasser hineingeben und zu einem festen Teig vermengen. Nach Bedarf mehr Wasser dazugeben. Mischung auf eine mit Mehl bestäubte Fläche geben und glattkneten. Sechs 12 cm große Tortenförmchen mit zerlassener Butter oder Öl bestreichen. Teig so ausrollen, daß er Boden und Ränder der Förmchen bedeckt. Mit Frischhaltefolie abdecken und 20 Min. kaltstellen.

2 Ofen auf mittlere 180°C vorheizen. 1 Blatt Fettpapier so zuschneiden, daß es die Förmchen bedeckt. Förmchen mit dem Papier auslegen, Schicht getrockneter Bohnen oder Reis darüber verteilen. 10 Min. backen, aus dem Ofen nehmen und Papier mit Bohnen oder Reis entfernen. In weiteren 10 Min. goldgelb backen. Abkühlen lassen.

3 Für die Füllung Ofenhitze auf 150°C verringern. Tomaten der Länge nach halbieren, Samen entfernen. Mit der Seite nach unten auf einen Rost stellen und den Rost auf ein Backblech geben. 40 Min. backen. Aus dem Ofen nehmen, leicht abkühlen lassen und Haut abziehen. Völlig abkühlen lassen; Tomatenhälften in 4 Streifen schneiden.

4 Mascarpone und Eier in eine mittelgroße Schüssel geben und verrühren. Greyerzerkäse unterrühren. Mischung in Tortenhüllen gießen. Tomatenstreifen auf Füllungen anordnen und in 20 Min. fest backen. Warm oder lauwarm servieren.

Zwiebelkuchen

Zubereitungszeit: 40 Min. + 20 Min. im Kühlschrank
Gesamte Backzeit: 1 Std. 25 Min.
Ergibt 4 bis 6 Portionen

200 g Mehl
90 g Butter, in Würfel geschnitten
2 - 3 EL Eiswasser

Füllung
25 g Butter
7 mittelgroße weiße Zwiebeln
1 EL französischer Senf

3 Eier, leicht geschlagen
125 g saure Sahne
25 g geriebener Parmesankäse

1 Mehl und Butter in die Küchenmaschine geben. 20 Sek. verrühren, bis die Mischung fein und krümelig ist. Fast gesamtes Wasser dazugeben, weitere 20 Sek. verrühren, bis sich die Mischung verbindet. Nach Bedarf mehr Wasser dazugeben. Mischung auf eine mit Mehl bestäubte Fläche geben und glattkneten. Eine runde, 23 cm große Tortenform mit zerlassener Butter oder Öl bestreichen. Teig zwischen zwei Lagen Folie so ausrollen, daß er Boden und Ränder der Form bedeckt. Teig in die Form geben, Ränder beschneiden. Mit Frischhaltefolie abdecken und 20 Min. kaltstellen.

2 Ofen auf mittlere 180°C vorheizen. Ein Blatt Fettpapier so ausschneiden, daß es die Form bedeckt. Form mit Papier auslegen, Schicht getrockneter Bohnen oder Reis darüber verteilen. 10 Min. backen, aus dem Ofen nehmen und Papier mit Bohnen oder Reis entfernen. In weiteren 10 Min. Teig leicht goldgelb backen. Abkühlen lassen.

3 Für die Füllung Butter in einer Pfanne zerlassen. Zwiebeln dazugeben und bei mittlerer Hitze 30 Min. unter häufigem Rühren weich und goldgelb dünsten. Abkühlen lassen.

4 Eier und saure Sahne verrühren. Teigboden mit Senf bestreichen, dann mit Zwiebeln belegen. Eimischung darübergießen und mit Parmesan bestreuen. In 35 Min. fest und golgelb backen. Mit Tomatensalat und knusprigem Baguette servieren.

Süße Kuchen und Torten

Ein süßer, reichhaltiger Teigboden ist die vollkommene Unterfläche für unzählige Kombinationen mit Obst, Pudding, Schokolade, Nüssen und Gewürzen. Einige dieser süßen Kuchen- und Tortenrezepte sind Klassiker; andere kommen als neue Leckerbissen hinzu. Wer gern Süßigkeiten ißt, tut sich an der Jaffa-Fondanttorte gütlich. Wer es etwas erfrischender mag, wird über die gefrorene Zitrustorte entzückt sein.

Erdbeersahnetorte

Zubereitungszeit:
20 Min. + 20 Min. im Kühlschrank
Gesamte Backzeit:
20 min.
Ergibt 6 bis 8 Portionen

50 g Mehl
2 EL Zucker
90 g Butter, in Würfel geschnitten
1 Ei

Füllung
250 g Doppelrahmfrischkäse
125 g saure Sahne
90 g Puderzucker
½ TL Rum

Belag
500 g Erbeeren, ohne Blättchen
¼ Becher Erdbeermarmelade

1 Ofen auf mäßig hohe 210°C (Gas 190°C) vorheizen. Mehl, Zucker und Butter in die Küchenmaschine geben und 30 Sek. verrühren, bis die Mischung fein und krümelig ist. Ei dazugeben und 20 Sek. verrühren, bis die Mischung sich verbindet. Auf eine mit Mehl bestäubte Fläche geben und glattkneten. Zu einer Kugel formen, in Frischhaltefolie einschlagen und 20 Min. kaltstellen.
2 Eine flache, 23 cm runde Tortenform mit gewellten Rändern mit zerlassener Butter oder Öl bestreichen. Teig zwischen zwei Lagen Folie so ausrollen, daß er Boden und Ränder der Form bedeckt. Teig in die Form geben und Ränder zuschneiden.

Erdbeersahnetorte (oben) und Jaffa-Fondanttorte (Seite 44)

3 Ein Blatt Fettpapier so ausschneiden, daß es die Form bedeckt. Form mit Papier auslegen, Schicht getrockneter Bohnen oder Reis darüber verteilen. 10 Min. backen, aus dem Ofen nehmen und Papier mit Bohnen oder Reis entfernen. In weiteren 7 Min. leicht goldgelb backen. Abkühlen lassen.
4 Für die Füllung in kleiner Schüssel Frischkäse, saure Sahne und Puderzucker mit elektrischem Schneebesen schlagen; Rum dazugeben und mit dem Schneebesen glattrühren. Sahnemischung auf dem Boden verteilen.
5 Für den Belag Erdbeeren halbieren und auf Sahnemischung anordnen. Marmelade erhitzen und als Glasur über Erdbeeren und Sahne streichen. Bis zum Servieren kaltstellen.

Jaffa-Fondanttorte

Zubereitungszeit: 40 Min.
Gesamte Backzeit: 25 Min. + 3 Std. im Kühlschrank
Ergibt 6 bis 8 Portionen

180 g Butter
4 Eier, getrennt
200 g Puderzucker
½ Becher Kakaopulver
2 EL Maismehl
125 g gemahlene Walnüsse

Füllung
1 Ei, getrennt
60 g weiße Kuvertüre, geschmolzen und abgekühlt
1 TL geriebene Apfelsinenschale
1 TL Gelatine
1 EL Apfelsinensaft
80 g Schlagsahne
dunkle Schokoladenspäne, zum Garnieren

1 Ofen auf mittlere 180°C vorheizen. Eine 23 cm große Kuchenform mit Wellenrand mit zerlassener Butter oder Öl bestreichen und mit Mehl bestäuben. Überschuß abschütteln. Butter und Eigelb mit elektrischem Schneebesen sahnig schlagen. Puderzucker, Kakao und Maismehl sieben, Walnüsse dazugeben und alles gut vermischen.
2 Eiweiß in sauberer, trockener Schüssel mit elektrischem Schneebesen steifschlagen. Ein Viertel vom Eiweiß mit einem Metallöffel unter Kakaomischung ziehen. Restliches Eiweiß dazugeben und unterziehen. Mischung in bereitstehende Form geben und in 25 Min. fest backen. Abkühlen lassen.
3 Für die Füllung zusätzliches Eigelb und Zucker mit elektrischem Schneebesen 5 Min. locker und sahnig schlagen. Weiße Kuvertüre und Apfelsinenschale dazugeben und unterrühren. Gelatine mit Apfelsinensaft in kleiner Schüssel vermischen. Schüssel in heißes Wasserbad stellen und rühren, bis Gelatine aufgelöst ist. Zur Schokoladenmischung geben und schlagen, bis alles vermischt ist.
4 Eiweiß in sauberer, trockener Schüssel mit elektrischem Schneebesen steifschlagen. Schlagsahne und Eiweiß mit einem Metallöffel unter Schokoladenmischung ziehen. Über Schokoladenkuchen gießen und Torte 3 Std. in den Kühlschrank stellen, damit sich alles setzt. Vor dem Servieren mit Schokoladenspänen garnieren.

Schnelle Obstecken

Zubereitungszeit: 15 Min.
Gesamte Backzeit: 10 Min.
Ergibt 8 Portionen

1 Blatt ausgerollter Blätterteig
60 g Marzipan
850 g Pfirsich-, Aprikosen- oder Birnenhälften, abgetropft, aus der Dose oder frisches Obst
20 g zerlassene Butter
2 TL Puderzucker

1 Ofen auf mäßig hohe 210°C (Gas 190°C) vorheizen. Ofenblech mit Backpapier auslegen. Teigblatt in vier Quadrate, danach jedes Quadrat schräg in

Schnelle Obstecken

Dreiecke schneiden. Marzipan etwa 2 mm dünn ausrollen und in Dreiecke (2 cm kleiner als die Teigecken) schneiden. Jede Teigecke mit einer Marzipanecke belegen.

2 Jedes Obststück der Länge nach bis 2 cm vor der Spitze in 1 cm dicke Scheiben schneiden. Teigecken mit einem Obststück belegen, die Scheiben fächerförmig ausbreiten.

3 Obst und Teig mit zerlassener Butter bestreichen. Puderzucker über Obst streuen. Ecken auf das Backblech setzen und in 10 Min. goldgelb backen. Sofort servieren.

1. Für Tarte Tatin mit Ananas, Aprikosen und Ingwer Eigelb hineingeben und glattschlagen.

2. Heiße Karamelmischung auf den Boden der Kuchenform gießen.

Tarte Tatin mit Ananas, Aprikosen und Ingwer

Zubereitungszeit:
20 Min. + 20 Min. im Kühlschrank
Gesamte Backzeit:
20 Min.
Ergibt 6 Portionen

60 g Butter
65 g Zucker
2 Eigelb
120 g Mehl
1/2 TL Backpulver

Karamelbelag
60 g Butter
85 g Zucker
2 EL Sahne
450 g Dose abgetropfte Ananasringe
1 glasierte Aprikose, in feinen Scheiben
1 EL feingehackter, glasierter Ingwer

1 Ofen auf mäßig hohe 210°C (Gas 190°C) vorheizen. Butter und Zukker mit Schneebesen lokker und sahnig schlagen. Eigelb glatt unterrühren. Mehl mit einem Metallöffel unterziehen. Mischung auf eine mit Mehl bestäubte Fläche geben und glattkneten. In Frischhaltefolie schlagen und 20 Min. kalt stellen.
2 Für den Karamelbelag Butter und Zucker bei niedriger Hitze in eine kleine Pfanne geben. Butter schmelzen. Aufkochen lassen, Hitze verringern, unter dem Rühren 2 Min. köcheln lassen, bis die Mischung glatt, dick und goldgelb ist. Vom Feuer nehmen, kurz abkühlen lassen, Sahne unterziehen (wenn Klumpen entstehen, Mischung behutsam aufwärmen). Karamelbelag in eine 20 cm runde Kuchenform gießen.
3 Karamel erst mit Ananas, dann mit Aprikose und Ingwer belegen. Teig zu einem 24 cm großen Kreis ausrollen und über das Obst legen, Teigränder nach unten falten. Form auf Ofenblech geben und 20 Min. backen bis der Teig goldgelb ist. Aus dem Ofen nehmen. Mit einem Messer um den Rand schneiden, damit er von der Form gelöst wird. Behutsam wenden und sofort servieren.

Tarte Tatin mit Ananas, Aprikosen und Ingwer

TIP
Es ist schwierig, eine Kuchenform mit losem Boden aus einem heißen Ofen zu nehmen. Man kann die Form leichter herausnehmen, wenn sie auf ein flaches Blech gestellt wird.

3. Mit einer Schicht Ananasringen und gehackten glasierten Aprikosen belegen.

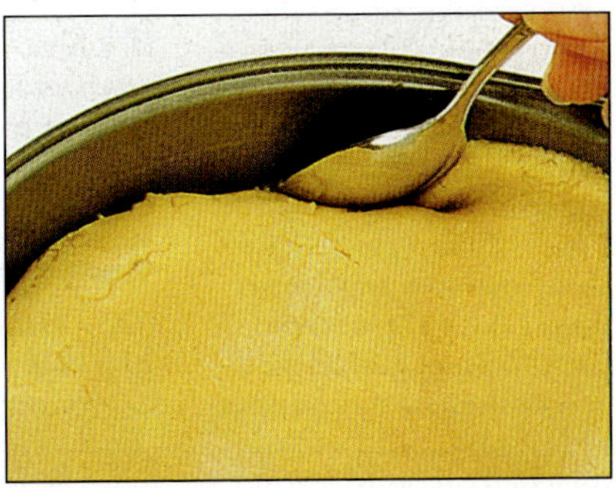

4. Mit Teig abdecken und Teigränder unter die Obstmischung falten.

Ingwer-Siruptorte

Zubereitungszeit:
30 Min. + 20 Min. im Kühlschrank
Gesamte Backzeit:
30 Min.
Ergibt 4 bis 6 Portionen

200 g Mehl
90 g Butter, in Würfel geschnitten
2-3 EL Eiswasser

Füllung
400 g goldgelber Sirup
25 g Butter
1 TL gemahlener Ingwer
100 g frische weiße Semmelbrösel

1 Mehl in eine große Schüssel sieben. Butter hineingeben und mit den Fingerspitzen 2 Min. vermengen, bis die Mischung fein und krümelig ist. Fast gesamtes Wasser dazugeben und zu einem festen Teig vermengen. Nach Bedarf mehr Wasser dazugeben. Mischung auf eine mit Mehl bestäubte Fläche geben und behutsam glattkneten.
2 Eine 20 cm große Kuchenform mit zerlassener Butter oder Öl bestreichen. Teig so ausrollen, daß er Boden und Ränder bedeckt (4 cm Überhang vorsehen). Teig in Form geben und mit Hilfe eines über den Formrand geführten Nudelholzes zuschneiden. Abgeschnittenen Teig zu einem 20 x 10 cm großen Rechteck ausrollen. Mit einem scharfen Messer oder gezacktem Teigrad in lange, 1 cm breite Streifen schneiden. Form mit Teig und Steifen in Frischhaltefolie schlagen und 20 Min. kaltstellen.
3 Ofen auf mittlere 180°C vorheizen. Sirup, Butter und Ingwer in einer Pfanne bei niedriger Hitze verrühren, bis die Butter schmilzt. Semmelbrösel unterrühren. Mischung in Teighülle gießen. Teigstreifen von der Mitte aus nach außen gitterartig auf der Torte anordnen. Gitter mit geschlagenem Ei bestreichen. 30 Min. backen, bis der Teig leicht goldgelb ist. Warm oder lauwarm mit Eis oder Schlagsahne servieren.

Birnentorte mit Mandeln

Zubereitungszeit:
35 Min. + 20 Min. im Kühlschrank
Gesamte Backzeit: 40 Min.
Ergibt 4 bis 6 Portionen

200 g Mehl
50 g Puderzucker
90 g Butter, in Würfel geschnitten
1 Eigelb, leicht geschlagen
1-2 EL Eiswasser

Füllung
1 große Birne
50 g Butter
60 g Zucker
1 Ei, leicht geschlagen
1 TL Vanillearoma
2 TL Mehl
50 g gemahlene Mandeln
2 EL Aprikosenmarmelade, erwärmt und gesiebt

1 Mehl, Zucker und Butter in die Schüssel der Küchenmaschine geben. 15 Sek. rühren, bis eine feine, krümelige Mischung entsteht. Eigelb und fast gesamtes Wasser dazugeben, 20 Sek. verrühren, bis die Mischung sich verbindet. Nach Bedarf mehr Wasser dazugeben. Mischung auf eine mit Mehl bestäubte Fläche geben und glattkneten. Eine 35 x 11 cm große Kuchenform mit zerlassener Butter oder Öl bestreichen. Teig so ausrollen daß er Boden und Ränder bedeckt.Teig in die Form geben und beschneiden. In Frischhaltefolie einschlagen und 20 Min. kaltstellen.
2 Ofen auf mittlere 180°C vorheizen. Ein Blatt Fettpapier so ausschneiden, daß es die Form bedeckt. Form mit dem Papier auslegen, Schicht getrockneter Bohnen oder Reis darüber verteilen. 10 Min. backen, aus dem Ofen nehmen, Papier mit Bohnen oder Reis entfernen. In weiteren 10 Min. Teig leicht goldgelb backen. Abkühlen lassen.

Birnentorte mit Mandeln (oben) und Ingwer-Siruptorte

3 Für die Füllung die Birne schälen, halbieren und entkernen. In einem kleinen Topf mit kochendem Wasser 10 Min. erhitzen, bis die Birne weich ist. Birne aus dem Topf nehmen, abkühlen lassen und dünn schneiden.

4 Butter und Zucker mit elektrischem Schneebesen locker und sahnig schlagen. Nach und nach Ei dazugeben, jedesmal gut schlagen. Aroma hineingeben und gut verrühren. Mehl und Mandeln mit einem Metallöffel unterziehen. Auf die Kuchenform verteilen, mit Birnenscheiben belegen. 20 Min. backen, bis die Füllung fest und der Teig goldgelb ist. Den warmen Kuchen mit Marmelade bestreichen.

Apfelsinen-Flanring

Zubereitungszeit: 20 Min.
Gesamte Backzeit:
45 Min. + über Nacht im Kühlschrank
Ergibt 4 bis 6 Portionen

170 g Zucker
1 EL Wasser
300 g Sahne
1/8 l Milch
1 Apfelsine
1/2 TL Vanillearoma
4 Eier
60 g Zucker, zusätzlich

1 Ofen auf niedrige 150°C vorheizen. Eine 20 cm runde Kuchenform leicht mit zerlassener Butter oder Öl bestreichen. Zucker und Wasser in mittelgroße Pfanne geben und unter Rühren erwärmen, ohne aufzukochen, bis der Zucker völlig aufgelöst ist. Mit einer nassen Bürste Zuckerkristalle vom Pfannenrand wischen. Aufkochen lassen. Hitze leicht verringern; 10 Min. kochen lassen, ohne umzurühren. Sobald die Mischung goldgelb wird, in bereitstehende Form gießen. Abkühlen lassen.

2 Sahne und Milch in mittelgroße Pfanne geben. Mit einem Gemüseschäler zwei Streifen Apfelsinenschale, etwa 2 x 6 cm groß und ohne weiße Haut, schälen. In die Sahnemischung hineingeben. Aufkochen lassen. Vom Feuer nehmen, Aroma unterrühren. 10 Min. abkühlen lassen.

3 In einer Schüssel Eier und zusätzlichen Zucker locker und sahnig verrühren. Sahnemischung unter ständigem Rühren langsam hinzugeben. Apfelsinenschale herausnehmen. Mischung durch ein feines Sieb in ein Glas streichen,

dann auf den Karamelbelag in der Form gießen. Form in eine zweite, flache Kuchenform geben und letztere mit soviel kochendem Wasser aufgießen, daß es bis zur Hälfte der ersten Form reicht. 35 Min. backen, bis ein hineingestochenes Messer sauber herauskommt. Über Nacht kaltstellen. Vor dem Servieren mit scharfem Messer um den Rand fahren und Form auf flache Platte stürzen. Warmes (nicht heißes) Küchentuch auf den Boden legen, um ihn vom Karamelbelag zu lösen.

Nuß-Karameltörtchen (links) und Apfelsinen-Flanring

Nuß-Karameltörtchen

Zubereitungszeit: 35 Min. + 30 Min. im Kühlschrank
Gesamte Backzeit: 40 Min.
Ergibt sechs 10 cm große Törtchen

155 g Mehl
60 g Butter, in Würfel geschnitten
1 Eigelb
1-2 EL Eiswasser

Füllung
35 g Pinienkerne
35 g Walnüsse
35 g Cashewnüsse
35 g Haselnüsse
60 g Mandeln
60 g Butter
60 g Zucker
90 g Honig

1 Ofen auf mittlere 180° C vorheizen. Nüsse auf ein Backblech verteilen. 5 Min. backen. Zum Abkühlen in eine Schüssel geben.
2 Mehl und Butter in die Schüssel der Küchenmaschine geben. 20 Sek. verrühren, bis eine feine, krümelige Mischung entsteht. Eigelb und fast gesamtes Wasser dazugeben und 20 Sek. verrühren, bis die Mischung sich verbindet. Nach Bedarf mehr Wasser dazugeben. Mischung auf eine mit Mehl bestäubte Fläche geben und glattkneten. Sechs 10 cm große Tortenförmchen mit zerlassener Butter oder Öl bestreichen. Teig in sechs Portionen teilen und so ausrollen, daß er Boden und Ränder bedeckt. Teig in die Förmchen geben und Ränder beschneiden. Mit Frischhaltefolie abdecken und 30 Min. kaltstellen.
3 Ein Blatt Fettpapier so ausschneiden, daß es die Förmchen bedeckt. Teig mit Papier bedecken und Schicht getrockneter Bohnen oder Reis darüber verteilen. 10 Min. backen, aus dem Ofen nehmen, Papier mit Bohnen oder Reis entfernen. Teig in weiteren 10 Min. leicht goldgelb backen. Abkühlen lassen.
4 In kleiner Pfanne Butter, Zucker und Honig bei mittlerer Hitze glatt verrühren. Mischung aufkochen und 2 Min. köcheln lassen, bis sie goldgelb ist. Über Nüsse gießen und gut durchrühren. Nußmischung auf die Tortenförmchen verteilen und 20 Min. backen. Törtchen vor dem Servieren völlig auf einem Rost abkühlen lassen.

Hinweis: Praktisch jede Kombination von Nüssen kann verwendet werden, vorausgesetzt, daß eine Menge von insgesamt 200 g verwendet wird.

Karamel-Bananentorte

Zubereitungszeit:
35 Min. + 30 Min. im Kühlschrank
Gesamte Backzeit:
40 Min.
Ergibt 4 bis 6 Portionen

155 g Mehl
70 g Butter, in Würfel geschnitten
2 EL Eiswasser

Füllung
30 g Butter
1 EL goldener Sirup
⅛ l Kondensmilch
40 g ungesalzene Macadamianüsse
2 mittelgroße Bananen
70 g dunkle gehackte Kuvertüre

1 Mehl in große Schüssel sieben. Butter hineingeben und mit den Fingerspitzen 2 Min. zu einer feinen, krümeligen Mischung vermischen. Fast gesamtes Wasser dazugeben und zu einem festen Teig vermengen. Nach Bedarf mehr Wasser dazugeben. Mischung auf eine mit Mehl bestäubte Fläche geben und glattkneten. Eine 20 cm runde Kuchenform mit zerlassener Butter oder Öl bestreichen. Teig so ausrollen, daß er Boden und Ränder bedeckt. Teig in die Form geben, Ränder beschneiden. Mit Frischhaltefolie abdecken und 30 Min. kaltstellen.

2 Ofen auf mittlere 180°C vorheizen. Ein Blatt Fettpapier so ausschneiden, daß es die Form mit Teig bedeckt. Form mit dem Papier auslegen, eine Schicht getrockneter Bohnen oder Reis darüber verteilen. 10 Min. backen, aus dem Ofen nehmen und Papier mit Bohnen oder Reis entfernen. In den Ofen zurückgeben und in weiteren 15 Min. leicht goldgelb backen. Abkühlen lassen.

3 Für die Füllung Butter, goldenen Sirup und Kondensmilch in eine kleine Pfanne geben und glatt verrühren. Nüsse dazugeben. Teigboden mit in Scheiben geschnittenen Bananen belegen. Karamel-Nußmischung über die Bananen gießen.
15 Min. backen und zum völligen Abkühlen beiseite stellen.

4 Kuvertüre in hitzebeständige Schüssel geben. Bei köchelndem Wasser rühren, bis Kuvertüre aufgelöst ist. Mit einem Spritzbeutel aus Papier auf dem Karamelbelag gitterförmiges Schokoladenmuster malen. Einige Min. warten, bis sich Schokolade gefestigt hat, dann sofort mit Sahne oder Eis servieren.

TIP
Für besondere Schokoladenverzierungen können Kombinationen mit dunkler und weißer oder Milchschokolade gemacht werden.

Karamel-Bananentorte

1. Für Karamel-Bananentorte Butter mit den Fingerspitzen leicht unter das Mehl mengen.

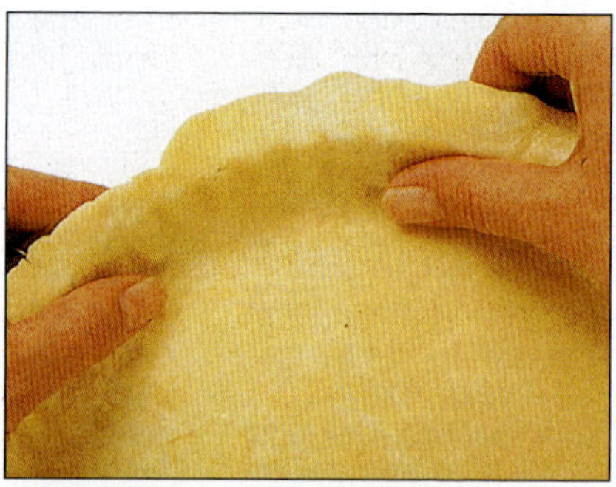

2. Teig in bereitstehende Form geben; darauf achten, daß Teig nicht gezogen wird.

3. *Teigboden mit Bananenscheiben belegen.*

4. *Zerlassene Kuvertüre mit Spritzbeutel auf abgekühlte Torte spritzen.*

Französischer Obstkuchen

Zubereitungszeit:
35 Min. + 20 Min. im Kühlschrank
Gesamte Backzeit:
25 Min.
Ergibt 4 bis 6 Portionen

155 g Mehl
60 g Butter, in Würfel geschnitten
65 g Zucker
1/2 TL Vanillearoma
1 Eigelb
1-2 EL Eiswasser

Füllung
3 Eigelb
2 EL Zucker
2 EL Maismehl
¼ l Milch
1 TL Vanillearoma
125 g Erdbeeren
1 Kiwifrucht
2 EL Babyapfelmus

1 Mehl, Butter und Zucker in Schüssel der Küchenmaschine geben. 15 Sek. verrühren, bis eine feine, krümelige Mischung entsteht. Aroma, Eigelb und fast gesamtes Wasser dazugeben. 20 Sek. verrühren, bis die Mischung sich verbindet. Nach Bedarf mehr Wasser dazugeben. Mischung auf eine mit Mehl bestäubte Fläche geben und glattkneten. Eine 20 cm runde Kuchenform mit zerlassener Butter oder Öl bestreichen. Teig so ausrollen, daß er Boden und Ränder bedeckt. Teig in die Form geben und Ränder beschneiden. Mit Frischhaltefolie abdecken und 20 Min. kalt stellen.
2 Ofen auf mittlere 180°C vorheizen. Ein Blatt Fettpapier so ausschneiden, daß es die Form bedeckt. Form mit dem Papier auslegen und Schicht getrocknete Bohnen oder Reis darüber verteilen. 10 Min. backen, aus dem Ofen nehmen und Papier mit Bohnen oder Reis entfernen. In den Ofen zurückgeben und in 15 weiteren Min. leicht goldgelb backen. Abkühlen lassen.
3 Für die Füllung Eigelb, Zucker und Maismehl in mittelgroße Schüssel geben und vermischen, bis die Mischung hellgelb ist. In einem kleinen Topf Milch fast zum Aufkochen bringen, vom Feuer nehmen. Milch unter Rühren nach und nach zur Eimischung geben. Mischung durch ein Sieb in den Topf streichen. Bei niedriger Hitze 3 Min. rühren, bis die Mischung aufkocht und eindickt. Vom Feuer nehmen und Aroma dazugeben. Mit Frischhaltefolie abdekken. Abkühlen lassen.
4 Erdbeeren der Länge nach halbieren. Kiwifrucht schälen und in feine Scheiben schneiden. Mischung über kalten Teigboden gießen und mit Obst belegen. Apfelmus in einem Topf mit köchelndem Wasser oder in der Mikrowelle erhitzen, bis es flüssig ist, mit Teigpinsel als Glasur über Obst verteilen.

Pecannußkuchen

Zubereitungszeit:
20 Min.
Gesamte Backzeit:
62 Min.
Ergibt 4 bis 6 Portionen

200 g Mehl
90 g Butter, in Würfel geschnitten
2 TL Zucker
1 Eigelb
1-2 EL Eiswasser

Füllung
2 Eier
90 g brauner Zucker
190 g heller Maissirup
155 g gehackte Pecannüsse
20 g zerlassene Butter

1 Ofen auf mäßig hohe 210°C (Gas 190°C) vorheizen. Mehl, Butter und Zucker in die Küchenmaschine geben. 30 Sek. verrühren, bis ein feine, krümelige Mischung entsteht. Eigelb und fast gesamtes Wasser dazugeben und 20 Sek. verrühren, bis die Mischung sich verbindet. Nach Bedarf mehr Wasser dazugeben. Mischung behutsam glattkneten. Mit Frischhaltefolie

Französischer Obstkuchen (oben) und Pecannußkuchen

abdecken und 20 Min. kaltstellen.

2 Eine 10 x 35 cm große Kuchenform mit zerlassener Butter oder Öl bestreichen. Teig zwischen zwei Lagen Folie so ausrollen, daß er Boden und Ränder bedeckt. Form mit Teig auslegen, die Ränder zuschneiden.

3 Ein Blatt Fettpapier so ausschneiden, daß es die Form bedeckt. Form mit Papier auslegen und Schicht getrockneter Bohnen oder Reis darüber verteilen. 10 Min. backen, aus dem Ofen nehmen und Papier mit Bohnen oder Reis entfernen. In den Ofen zurückgeben und in 7 weiteren Min. leicht goldgelb backen. Abkühlen lassen.

4 Für die Füllung Hitze auf mittlere 180°C verringern. Eier, braunen Zucker, Maissirup, Nüsse und Butter in einer Schüssel verrühren. Mischung auf bereitstehenden Kuchenboden gießen und in 45 Min. fest backen. Auf einem Rost abkühlen lassen. Kalt servieren.

Biskuitkuchen mit Beeren

Zubereitungszeit:
30 Min. + 20 Min. im Kühlschrank
Gesamte Backzeit: 20 Min.
Ergibt 6 Portionen

2 Eier
80 g Zucker
80 g Mehl
½ TL Backpulver
30 g Butter, zerlassen und abgekühlt
80 g Sahne
250-g-Körbchen Himbeeren
250-g-Körbchen Blau-oder Heidelbeeren
1 TL Puderzucker

1 Ofen auf mittlere 180°C vorheizen. Eine 23 cm flache, runde Kuchenform mit zerlassener Butter oder Öl bestreichen und mit Mehl bestäuben. Eier mit elektrischem Schneebesen in einer großen Schüssel 5 Min. dick und hell schlagen. Zucker eßlöffelweise dazugeben, dabei ständig schlagen, bis er aufgelöst und die Mischung hellgelb ist und glänzt.
2 Mehl mit Metallöffel unterziehen. Mischung in bereitstehende Form geben und in 20 Min. hellgelb backen. Biskuitkuchen 5 Min. stehen lassen, dann zum Abkühlen auf ein Rost stürzen.
3 Schlagsahne mit elektrischem Schneebesen steifschlagen. Auf abgekühltem Biskuitkuchen verteilen und mit Beeren belegen. Mit Puderzucker bestäuben. Sofort servieren.

Zitronen-Puddingtorte

Zubereitungszeit:
20 Min. + 20 Min. im Kühlschrank
Gesamte Backzeit:
52 Min. + 2 Std. im Kühlschrank
Ergibt 4 bis 6 Portionen

120 g Mehl
¼ Becher Puddingpulver
1 EL Zucker
60 g Butter, in Würfel geschnitten
1 Eigelb
1-2 EL Eiswasser

Füllung
2 Eier, leicht geschlagen
1 TL gemahlene Zitronenschale
⅛ l Zitronensaft
125 g Zucker
1 EL Sahne
40 g zerlassene Butter

1 Ofen auf mäßig hohe 210°C (Gas 190°C) vorheizen. Mehl, Puddingpulver, Zucker und Butter in die Küchenmaschine geben. 30 Sek. verrühren, bis eine feine, krümelige Mischung entsteht. Eigelb und fast gesamtes Wasser dazugeben und 20 Sek. verrühren, bis die Mischung sich verbindet. Nach Bedarf mehr Wasser dazugeben. Mischung auf eine mit Mehl bestäubte Fläche geben und behutsam glattkneten. In Frischhaltefolie schlagen und 20 Min. kaltstellen.
2 Eine flache, 20 cm runde Kuchenform mit zerlassener Butter oder Öl bestreichen. Teig zwischen zwei Lagen Folie so ausrollen, daß er Boden und Ränder bedeckt. Form mit Teig auslegen, Ränder beschneiden.
3 Ein Blatt Fettpapier so ausschneiden, daß es die Form bedeckt. Teig mit Papier bedecken und Schicht getrockneter Bohnen oder Reis darüber verteilen. 10 Min. backen, aus dem Ofen nehmen und Papier mit Bohnen oder Reis entfernen. In den Ofen zurückgeben und in 7 weiteren Min. leicht goldgelb backen. Abkühlen lassen.
4 Für die Füllung Ofenhitze auf mittlere 180°C verringern. Eier, Zitronenschale und -saft, Zucker, Sahne und Butter vermischen. Auf vorbereiteten Kuchenboden verteilen und in 35 Min. fest backen. Bei Zimmertemperatur abkühlen lassen; im Kühlschrank 2 Std. fest werden lassen. Kalt servieren.

Biskuitkuchen mit Beeren (oben) und Zitronen-Puddingtorte

Ricottatorte mit Passionsfrucht

Zubereitungszeit:
30 Min. + 1 Std.
im Kühlschrank
Gesamte Backzeit:
1 Std. 20 Min.
Ergibt 6 Portionen

200 g Mehl
90 g Butter, in Würfel geschnitten
60 g Butter
2 EL Eiswasser

Füllung
400 g Ricottakäse
125 g Zucker
3 Eier
125 g Sahne
3 Passionsfrüchte
2 TL Puderzucker

1 Mehl in eine große Schüssel sieben. Butter hineingeben und mit den Fingerspitzen 2 Min. vermengen, bis die Mischung fein und krümelig ist. Zucker dazugeben. Fast gesamtes Wasser hineingeben und zu einem festen Teig vermengen. Nach Bedarf mehr Wasser dazugeben. Mischung auf eine mit Mehl bestäubte Fläche geben und glattkneten. Ausrollen und in eine tiefe, 20 cm runde Kuchenform geben. Mit Frischhaltefolie abdecken und 20 Min. kaltstellen.
2 Ofen auf mittlere 180°C vorheizen. Ein Blatt Fettpapier so ausschneiden, daß es die Form bedeckt. Teig mit dem Papier bedecken und Schicht getrocknete Bohnen oder Reis darüber verteilen. 10 Min. backen, aus dem Ofen nehmen und Papier mit Bohnen oder Reis entfernen. In weiteren 10 Min. leicht goldgelb backen. Abkühlen lassen.
3 Für die Füllung Ricottakäse, Zucker, Eier und Sahne in die Küchenmaschine geben und in 20 Sek. glatt zerkleinern. Fleisch der Passionsfrucht dazugeben und in 5 Sek. zerkleinern. Auf den Kuchenboden geben und Mischung in 1 Std. fest und leicht goldgelb backen. Abkühlen lassen und 1 Std. kaltstellen. Vor dem Servieren mit Puderzucker bestreuen.

Apfelkuchen mit saurer Sahne

Zubereitungszeit:
35 Min. + 30 Min.
im Kühlschrank
Gesamte Backzeit:
45 Min.
Ergibt 4 bis 6 Portionen

155 g Mehl
25 g fein geriebener Greyerzer- oder Emmentalerkäse
30 g Butter, in Würfeln
1-2 EL Eiswasser

Füllung
2 kleine saure Äpfel
1 Ei, leicht geschlagen
60 g Zucker
2 EL Maismehl
1 TL Vanillearoma
190 g saure Sahne
30 g zerlassene Butter
2 EL Aprikosenmarmelade, aufgewärmt und gesiebt

1 Mehl, Käse und Butter in die Schüssel der Küchenmaschine geben. 20 Sek. verrühren, bis eine feine, krümelige Mischung entsteht. Fast

Ricottatorte mit Passionsfrucht (links) und Apfelkuchen mit saurer Sahne

die gesamte Flüssigkeit dazugeben und 15 Sek. verrühren, bis die Mischung sich verbindet. Mischung auf eine mit Mehl bestäubte Fläche geben und glattkneten. Eine 20 cm runde Kuchenform mit zerlassener Butter bestreichen. Teig so ausrollen, daß er Boden und Ränder der Form bedeckt. Teig in die Form geben und beschneiden. Mit Frischhaltefolie abdecken und 30 Min. kaltstellen.

2 Ofen auf mittlere 180°C vorheizen. Ein Blatt Fettpapier so ausschneiden, daß es die Form bedeckt. Form mit dem Papier auslegen und Schicht getrockneter Bohnen oder Reis darüber verteilen. 10 Min. backen, aus dem Ofen nehmen und Papier mit Bohnen oder Reis entfernen. In den Ofen zurückgeben und in 10 weiteren Min. leicht goldgelb backen. Bevor die Füllung dazukommt, abkühlen lassen.

3 Für die Füllung Äpfel schälen, entkernen und in feine Scheiben schneiden. Ei, Zucker, Maismehl, Aroma und saure Sahne in mittelgroßer Schüssel vermischen. Mischung auf Kuchenboden gießen und mit Apfelscheiben belegen. Mit zerlassener Butter bestreichen und 25 Min. backen, bis die Äpfel leicht goldgelb sind. Noch warme Torte mit Aprikosenmarmelade bestreichen. Warm oder kalt servieren.

Cappuccino-Moussetorte

Zubereitungszeit:
20 Min. + 30 Min. im Kühlschrank

Ergibt 8 Portionen

250 g einfache Schokoladenkeksbrösel
125 g zerlassene Butter

Weiße Schokoladencreme
100 g weiße Kuvertüre
60 g Sahne

Mokkamousse
200 g dunkle geschmolzene Kuvertüre
60 g zerlassene Butter
60 g Sahne
2 Eigelb
3 TL löslicher Bohnenkaffee
2 TL Wasser
190 g Sahne, zusätzlich

Belag
330 g Sahne
1 TL Kakaopulver

1 Kekskrümel und zerlassene Butter in einer Schüssel gut vermischen. Mischung fest auf Boden und an Ränder einer 23 cm runden Kuchenform drükken. 20 Min. kaltstellen, bis die Mischung fest ist.
2 Für die weiße Schokoladencreme weiße Kuvertüre und Sahne in kleine, hitzebeständige Schüssel geben und in köchelndem Wasser rühren, bis die Schokolade geschmolzen und die Mischung glatt ist. Über den vorbereiteten Kuchenboden verteilen. Im Kühlschrank fest werden lassen.
3 Für Mokkamousse dunkle Kuvertüre, zerlassene Butter, Sahne, Eigelb und in Wasser gelösten Kaffee in einer großen Schüssel verrühren. Sahne mit elektrischem Schneebesen steifschlagen und unter Schokoladenmischung ziehen. In vorbereitete Kuchenform geben und in den Kühlschrank geben, damit sich alles setzt.
4 Für den Belag Sahne kurz vor dem Servieren halbsteif schlagen, über Mousse verteilen und lokker mit gesiebtem Kakaopulver bestreuen. Sofort servieren.

Gefrorene Zitrustorte

Zubereitungszeit:
40 Min. + 20 Min. im Kühlschrank + 4 Std. im Gefrierfach
Gesamte Backzeit:
15 Min.
Ergibt 6 Portionen

200 g Mehl
90 g Butter, in Würfel geschnitten
1 Eigelb
1-2 EL Eiswasser

Füllung
4 Eier
2 Eigelb
170 g Zucker
⅛ l Apfelsinensaft
2 EL Zitronensaft
⅛ l Limonensaft
¼ TL geriebene Limonenschale
60 g Butter, in Würfel geschnitten
250 g Sahne

1 Ofen auf mäßig hohe 210°C (Gas 190°C) vorheizen. Mehl und Butter in die Küchenmaschine geben. 30 Sek. verrühren, bis eine feine, krümelige Mischung entsteht. Eigelb und fast gesamtes Wasser dazugeben und 20 Sek. verrühren, bis die Mischung sich verbindet. Nach Bedarf mehr Wasser dazugeben. Mischung behutsam glattkneten. In Frischhaltefolie schlagen und 20 Min. kaltstellen.
2 Eine 23 cm runde Kuchenform mit zerlassener Butter oder Öl bestreichen. Teig zwischen zwei Lagen Folie so ausrollen, das er Boden und Ränder bedeckt. Form mit Teig auslegen und Ränder zuschneiden.
3 Ein Blatt Fettpapier so ausschneiden, daß es die Form bedeckt. Teig mit Papier bedecken und Schicht getrockneter Bohnen oder Reis darüber verteilen. 10 Min. backen, aus dem Ofen nehmen und Papier mit Bohnen oder Reis entfernen. In den Ofen zurückgeben und in 7 wei-

Gefrorene Zitrustorte (oben) und Cappuccino-Moussetorte

teren Min. leicht goldgelb backen. Abkühlen lassen.
4 Für die Füllung ganze Eier, Eigelb und Zucker in hitzebeständiger Schüssel glatt verrühren. Obstsaft und -schale dazugeben und noch einmal gut verrühren. Schüssel in Topf mit köchelndem Wasser stellen, ständig rühren, bis die Masse eindickt und den Löffelrücken bedeckt. Nicht kochen lassen. Vom Feuer nehmen und Butter darunterrühren. Abkühlen lassen. Wenn die Mischung kalt ist, Sahne einrühren und auf den Boden gießen. Für 4 Std. ins Gefrierfach stellen, bis der Kuchen fest ist. 10 Min. vor dem Servieren aus dem Gefrierfach nehmen.

Hinweis: Diese Torte bekommt einen anderen Zitrusgeschmack, wenn der Saft von Mandarinen, Apfelsinen oder Tangerinen verwendet wird. Fertige Torte mit dünnen Streifen von der Schale des verwendeten Obstes garnieren.

Rhabarber-Apfelkuchen mit Streuseln

Zubereitungszeit:
30 Min. + 20 Min. im Kühlschrank
Gesamte Backzeit: 47 Min.
Ergibt 6 Portionen

200 g Mehl
90 g Butter, in Würfel geschnitten
1 Ei
2 TL Wasser

Kleine Kirschtörtchen (links) und Rhabarber-Apfelkuchen mit Streuseln

Füllung
625 ml Wasser
185 g Zucker
15 Stangen Rhabarber
2 große grüne geschälte Äpfel
90 g Sultaninen
1 Streifen Zitronenschale

Belag
110 g Mehl
¾ TL Backpulver
90 g Butter
½ TL gemahlener Zimt
90 g brauner Zucker

1 Ofen auf mäßig hohe 210°C (Gas 190°C) vorheizen. Mehl und Butter in die Küchenmaschine geben. 30 Sek. verrühren, bis eine feine, krümelige Mischung entsteht. Ei und fast gesamtes Wasser dazugeben und 20 Sek. verrühren, bis die Mischung sich verbindet. Nach Bedarf mehr Wasser dazugeben. Mischung auf eine mit Mehl bestäubte Fläche geben und behutsam glattkneten. In Frischhaltefolie schlagen und 20 Min. kaltstellen.
2 Eine 23 cm runde Pastetenform mit zerlassener Butter oder Öl bestreichen. Teig zwischen zwei Lagen Folie so ausrollen, daß er Boden und Ränder der Form bedeckt. Form mit Teig auslegen und die Ränder zuschneiden.
3 Ein Blatt Fettpapier so ausschneiden, daß es die Form bedeckt. Teig mit Papier bedecken und Schicht getrockneter Bohnen oder Reis darüber verteilen. 10 Min. backen, aus dem Ofen nehmen und Papier mit Bohnen oder Reis entfernen. In den Ofen zurückgeben und in 7 weiteren Min. leicht goldgelb backen. Abkühlen lassen.
4 Für die Füllung Rhabarber in 2,5 cm große Stükke schneiden. Äpfel vierteln, entkernen und in feine Scheiben schneiden. Wasser und Zucker in einen Topf geben und bei niedriger Hitze kochen, bis Zucker aufgelöst ist. Aufkochen lassen, Rhabarber, Äpfel, Sultaninen und Schale dazugeben. Hitze verringern und 3 Min. köcheln lassen, bis Rhabarber fast weich ist, aber seine Form noch behält. Vom Feuer nehmen, abgießen und Schale herausnehmen. Leicht abkühlen lassen und Mischung in vorbereitete Kuchenhülle gießen.
5 Für den Belag Mehl und Zimt in einer Schüssel vermischen. Butter daruntermengen, bis eine feine, krümelige Mischung entsteht. Braunen Zucker unterrühren und Rhabarber damit bestreuen. In 30 Min. alles leicht gebräunt backen.

Kleine Kirschtörtchen

Zubereitungszeit:
15 Min.
Gesamte Backzeit:
5 Min.
Ergibt 12 Törtchen

12 kleine Mürbeteighüllen
425 g entsteinte Sauerkirschen in Sirup
1 TL geriebene Apfelsinenschale
1 EL Maismehl
2 TL Wasser

Baiserbelag
2 Eiweiß
125 g Zucker

1 Ofen auf mäßig hohe 210°C (Gas 190°C) vorheizen. Tortenhüllen 10 Min. backen. Auf einem Rost abkühlen lassen.
2 Sirup in kleinen Topf geben. Entkernte Kirschen, Schale und im Wasser aufgerührtes Maismehl dazugeben. Erhitzen, bis der Sirup aufkocht und eindickt; etwas abkülen lassen. Löffelweise in die Törtchenhüllen geben.
3 Für den Baiserbelag Eiweiß mit elektrischem Schneebesen beinahe festschlagen. Nach und nach Zucker dazugeben und schlagen, bis er aufgelöst ist. Törtchen mit Baisers garnieren und 5 Min. backen, bis Baisers anfangen zu bräunen. Ab-
len lassen und s

Index

Kursive Seitenzahlen beziehen sich auf die Abbildungen